Seribu Kisah
NABI KHIDIR
dan 9 TOKOH SUFI

Printed on the original book cover as shown on this page:

ABU KHALID MA.

Pada suatu hari, tepatnya pada hari Rabu, 27 Maret 2013 pukul empat pagi, saya terbangun tiba-tiba karena bunyi telepon dan mendapat informasi bahwa ibu mertua telah berpulang ke Rahmatullah, InnalillahWainnaIlaihiRojiun. Empat dari kelima anak-anaknya tinggal diluar negri sementara anak perempuan satu-satunya yang tinggal satu kota dengan ibu mertua telah mendahului berpulang ke Allahyarhamu lebih dari sepuluh tahun yang lalu.

Bergegas saat itu pula saya dan suami berangkat dari San Fransisco (USA) ke Medan (Indonesia). Alhamdulillah, tampaknya semuanya sudah diatur dan dipermudah oleh Yang Maha Kuasa, kursi yang tersedia di pesawat yang hendak kami tumpangi tinggal tersisa dua kursi lagi, se-olah-olah memang Allah swt sudah siapkan untuk saya dan suami untuk pergi ke Medan, menyelesaikan atau membereskan peninggal-peninggalan Allahyarham ibu mertua. Keesokan harinya, hari Kamis tanggal 28 Maret saya dan suami berangkat.

Setibanya di rumah Allahyarham ibu mertua, adik perempuan dan adik ayah paman suami saya yang menetap di Malaysia telah menunggu kedatangan kami berdua. Sepuluh hari kami ber-empat tinggal dirumah Allahyarham ibu mertua mengurus amanah dan membagi-bagikan peninggalan barang-barang dari barang dapur, lemari es, kompor, pakaian, kursi meja dan beberapa buah permadani.

Disaat membongkar isi rumah mendiang, saya memperhatikan ada satu buku yang sangat menarik perhatian saya. Saya mengambilnya dan saya baca judulnya "Buku seribu kisah Nabi Khaidir dan 9 Tokoh Sufi" yang dicetak tanpa tanggal penerbitan atau tanda buku ISBN yang mana tampaknya lain dengan buku-buku cetakan pada masa kini. Sudah tentu ada juga buku cerita riwayat Nabi Khidir yang dijual di-toko-toko buku lain tapi minat saya untuk menghidupkan kembali buku yang saya dapatkan dirumah mendiang mertua dengan mengetik ulang kata per kata dari isi buku tersebut dengan tujuan untuk menjadikan buku ini sebagai salah satu buku cerita bacaan mendidik saat ini dan hasil dari penjualan buku ini 100% akan disedekahkan kapada anak yatim piatu dan orang miskin.

Penulis awal buku ini yaitu Abu Khalid MA. kalau saya tidak salah karena hanya satu nama inilah yang tercetak dibuku tersebut, dan saya, Buthainah Salim Afiff, sebagai penulis ulang berharap bisa menghidupkan kembali buku ini sehingga dapat bermanfaat bagi banyak pembaca.

Photo penulis ulang yg menghidupkan kembali buku ini sewaktu berumur 7 bulan

ISBN: 9780692303320

CONTENTS

Bab 1

KISAH-KISAH AJAIB TENTANG KHIDIR

PENULIS SERIBU KITAB

Adalah seorang anak muda bernama Abul Qasim Al-Qusyairi. Ia seorang anak muda yang taat dan patuh kepada ibunya. Ia menghormati ibunya lebih dari rasa hormatnya kepada siapapun selain Allah.

Demikian sayangnya Abul Qasim kepada ibunya sehingga sejak kanak-kanak ia sudah rajin membantu pekerjaan ibunya. Hal ini berlangsung hingga ia menginjak remaja.

Pada suatu hari Abul Qasim Al-Qusyairi menemui ibunya dan mengemukakan hasrat hatinya yang telah dipendam beberapa lama.

"Wahai ibuku, aku semakin dewasa. Setiap hari aku selalu bersama ibu, membantu apa yang dikerjakan ibu, kadang pula berkumpul dengan teman-temanku bermain kesukaan kami. Tetapi kini aku ingin sekali pergi ke Negeri Bukhara guna menuntut ilmu pengetahuan di sana. Maka restuilah anakmu!"

Sang ibu berkata. "Untuk mencapai cita-citamu itu, memang tidak cukup bagimu berdiam bersamaku di kampung ini. Kau harus pergi ke Bukhara, supaya kau dapat berjasa dan mengabdikan diri kepada agama. Aku merestuimu anakku. Pergillah, ummatmu menunggumu!"

Sebelum Abul Qasim Al-Qusyairi meninggalkan ibunya, dia mengajak seorang teman yang akan mendampinginya belajar dinegeri yang jauh itu.

Saat tiba waktunya maninggalkan kampung halaman. Sang ibu melepaskannya dengan cucuran air mata. Abul Qasim Al-Qusyairi adalah anak satu-satunya yang ia cintai, dan kini anak yang sangat dikasihi itu akan meniggalkannya seorang diri demi ilmu pengetahuan agama yang nantinya akan diserukan depada masyarakat.

Sang ibu berdiri didepan pintunya, memandangi puteranya yang melangkah meninggalkan kampung halaman. Perlahan keluarlah dari mulutnya ucapan yang merupakan rintihan jiwanya. "Ya Tuhanku, seandainya Engkau tidak berkenan untuk mempertemukanku dengan puteraku lagi, aku rela mati berdiri ditempat ini juga sehingga Engkau memulangkannya kemari.....!"

Sementara itu dalam perjalanan Abul Qasim Al-Qusyairi teringat betapa pakaian yang dikenakannya sebenarnya terkena percikan najis saat ia bekerja membantu ibunya dirumah.

Maka ia berhenti dan berkata kepada temannya, "Hai sahabatku, sebentar aku hendak pulang ke rumah dan segera akan kembali kemari tetapi engkau boleh pergi terlebih dahulu. Karena aku teringat bajuku yang najis ini, bila aku tidak menggantinya, aku takut najis ini akan mengotoriku sampai di negeri Bukhara. Kalau masih tetap begitu keadaanku, aku khawatir ilmu-ilmu yang kepelajari dari guru kita disana akan menjadi penutup jalan menuju hidayah Allah, sehingga aku tersesat karenanya. Semoga aku dihindarkan dari hal yang sedemikian."

Maka pulanglah Abul Qasim Al-Qusyairi ke rumahnya dan betapa herannya dia saat mendapati sang ibu masih tetap berdiri ditempatnya semula. Lalu sang ibu menyambut dan memeluknya seraya berkata, "Alhamdulillah..........!"

Dikisahkan, kemudian Khidir diperintah Allah untuk menemui Abul Qasim Al-Qusyairi. "Temuilah Abul Qasim Al-Qusyairi, putera ibu yang shalihah itu, dan ajarkanlah ilmu-ilmu yang telah kau pelajari dari Abu Hanifah kepadanya, karena dia pergi merantau di atas jalan yang direstui ibunya!"

Selanjutnya Khidir menemui Abul Qasim Al-Qusyairi guna menurunkan ilmu-ilmu Fiqih. Dia berkata, "Engkau berniat melakukan safar[1] bersama temannya untuk mencari ilmu dengan membiarkan ibumu sendirian di kampung ini. Maka biarlah aku akan mendatangi kediaman ini setiap hari dan aku akan belajar bersamaku."

Sejak pertemuan pertama kali antara Khidir dengan Abu-Qasim itu, Khidir datang kembali pada keesokan harinya dan hari-hari berikutnya. Demikian ini berlangsung selama tiga tahun.

Setelah dianggap cukup masa pengajaran untuk Abul Qasim Al Qusyairi maka Khidir mengucapkan salam perpisahan sebagai ungkapan rasa syukur kepada Allah SWT.

Perlu diketahui Khidir belajar ilmu-ilmu Fiqih kepada Imam Abu Hanifah selama 30 tahun. Sedangkan Abul Qasim Al-Qusyairi menyarap ilmu-ilmu tersebut hanya dalam tempo 3 tahun. Ini benar benar suatu hal yang langka. Apakah karena Khidir yang mempunyai metoda pengajaran effektif dengan segala kelebihan yang telah diberikan Allah? Atau Abul Qasim Al-Qusyairi yang memang benar-benar jenius?

Sungguh karunia dan rahmat yang besar bagi Abul Qasim

---

[1] Safar adalah sebutan bagi siapa yang meninggalkan tempat kelahiran ke negeri jauh dengan niat menuntut ilmu demikian menurut dunia Tashawwuf.

Al-Qusyairi. Sesudah menyerap ilmu-ilmu dari Khidir selama 3 tahun selanjutnya di sepanjang hidupnya ia mampu menulis Seribu Kitab yang berisikan bermacam-macam jenis ilmu.

BEBERAPA NAMA KHIDIR DAN KELEBIHAN PRIBADINYA

Ada yang memanggilnya Khadir, Al-Khadir atau Al-Khidir. Sesungguhnya nama ini hanyalah gelar yang biasa disebut orang dan diidentikkan dengan nama Allah yang menyerupai malaikat. Bisa diungkapkan sebagian orang, kalau dia berkenan, walaupun tidak semudah siapa yang menginginkan pertemuan dengannya.

Apabila Khidir berdiri di atas suatu tanah lapang yang gersang maka di mana kakinya berpijak akan ditumbuhi rumput yang masih hijau, hingga manutupi kedua telapak kakinya. Hal Itu terjadi karena kebaikan pribadinya.

Ibnu Asakir dan sahabat-sahabatnya meriwayatkan dari mujahid, bahwa hamba Allah ini digelari "Khidir" karena perubahan warna di sekitarnya menjadi kehijauan bila dia shalat di suatu tempat.

Sahabat Nabi bernama Ikrimah mengisahkan riwayat yang serupa kepada Ibnu Abi Hatim. Berkata Ikrimah, "Dia digelari Khidir, karena bila dia duduk di suatu tempat maka cahaya di sekitar tempat itu berubah menjadi kehijauan. Mungkin karena pakaiannya yang berwarna hijau."

Berkata As-Asyyidi, "Apabila Khidir berdiri di atas suatu tanah lapang yang gersang maka di mana kakinya berpijak akan ditumbuhi rumput yang masih hijau, hingga menutupi kedua telapak kakinya. Hal itu terjadi karena kebaikan pribadinya."

Hal serupa juga diriwayatkan oleh Imam Bukhari dari Rasulullah SAW bahwa jika Khidir duduk di atas tumpukan jerami yang telah kering maka jerami tersebut akan menjadi hijau kembali. [2]

ASAL USUL KHIDIR

Dari sebuah riwayat yaitu dari Asabath, Ibnu Asakir mengisahkan bahwa As-Sayyidi berkata, "Dia (Khidir) adalah putera seorang raja, yang sangat tekun melakukan ibadah kepada Allah SWT, Ia melarikan diri dari keluarganya di istana karena tidak mau dikawinkan oleh ayahnya dengan seorang gadis yang disukai oleh semua sanak kerabatnya. Ia menolak perjodohan itu. Selama kurang lebih satu tahun ia tidak pernah menjumpai calon istrinya. Setelah sang raja mengetahui bahwa khidir meninggalkan istana dan pergi ke suatu tempat maka diperintahkanlah seluruh utusan kerajaan untuk mencarinya. Seluruh pelosok negeri yang menjadi kekuasaannya telah didatangi namun pencarian itu hanyalah sia-sia. Khidir tak pernah bisa ditemukan lagi."

NABI MUSA MENCARI KHIDIR

Menurut suatu riwayat [3] pada suatu hari Nabi Musa berpidato di hadapan kaumnya dari bani Isra'il. Nabi Musa berdakwah kepada mereka untuk mensyukuri nikmat dan karunia Allah. Mengerjakan perintah-Nya dan meninggalkan segala macam larangan-Nya. Ungkapan-ungkapan kalimat yang disampaikannya begitu memukau hati mereka sehingga mereka merasakan kesejukan siraman rohani, di tengah-tengah jalan hidup

---

[2] Fathhul Baari, juz VI, hal 309

[3] Kisah tentang Nabi Musa dan Khidir ini bersumber dari Rasulullah yang diriwayatkan oleh Ibnu Abbas, Sa'id bin Jubair; Amr Bin Dinar, Sufyan dan Al-Hamiedi.

masyarakat bani Isra'il yang sesat itu.

Sehabis pidato itu Nabi Musa ditanya oleh salah seorang yang turut berkumpul bersama hadirin. Dia berkata, "Wahai Musa siapakah yang lebih pintar diatara hamba-hamba-Nya di muka bumi ini?"

Nabi Musa menjawab, "Akulah orangnya!"

Jawaban itu wajar saja karena pada zaman itu hanya Nabi Musa yang berhasil membawa Bani Isra'il kepada hidayah ilahi. Dialah yang telah menaklukkan Raja Fir'aun dengan segala kekuasaan dan kesombongannya. Dia juga telah menaklukkan para tukang sihir istana sehingga mereka mengikuti agama Nabi Musa. Nabi Musa juga telah dikaruniai nikmat terbesar sebagai Rasul-Nya yaitu nikmat dapatnya beliau bercakap-cakap langsung dengan Allah. Beliau juga telah berhasil membongkar rahasia tentang pembunuhan yang kejam.

Baru saja Nabi Musa mengenangkan kelebihan dirinya dibandingkan dengan kaumnya itu, dan tanpa sadar telah mengucapkan kata-kata yang tak sepatutnya diucapkan di hadapan orang banyak, datanglah wahyu Allah yang berupa teguran atas kekeliruan Nabi Musa.

Tuhan memperingatkan bahwa seluas apapun ilmu pengetahuan Nabi Musa itu hanyalah karunia yang diberikan Tuhan kepada Rasul-Nya, tidak mustahil masih ada hamba-hamba Allah yang melebihi ilmu Nabi Musa.

Untuk menyadarkan Nabi Musa dari kesalahannya maka Allah memerintahkan Nabi Musa untuk menemui hamba-Nya yang shaleh di tempat bertemunya dua lautan.[4]

Nabi Musa bertanya, "Ya Allah, siapakah hamba-Mu itu? Dan dimana tempatnya? Lalu bagaimana aku dapat menemuinya?"

Allah berfirman kepada Nabi Musa, "Bawalah seekor ikan yang kau letakkan di dalam sebuah keranjang. Dan di mana ikan itu menghilang carilah ia dan di sana kau akan temui orang yang shaleh itu."

Nabi Musa segera menyiapkan bekal untuk perjalanannya. Dan dia mengajak salah seorang muridnya yang paling dipercayai bernama Yusya' bin Nun. Nabi Musa berpesan kepada Yusya agar dia memberitahukan kepadanya begitu ikan yang dibawanya di dalam keranjang menghilang.

Yusya' bin Nun berjanji akan setia menemani perjalanan Nabi Musa mencari hamba Allah yang shaleh itu walaupun untuk itu akan memakan waktu bertahun-tahun.

Perjalanan itu ternyata memakan waktu yang cukup lama. Pada suatu ketika keduanya merasa kelelahan dan mencari tempat istirahat di sebuah batu besar. Di saat itulah ikan di dalam keranjang yang tadinya mati tiba-tiba hidup dan bergerak-gerak, lalu meloncat dan berjalan menuju lautan dengan cara yang aneh sekali.

Yusya' terpesona atas kejadian yang menakjubkan itu hingga ia lalai untuk memberitahukan hal itu kepada Nabi Musa. Setelah waktu istirahat dirasa cukup maka Nabi Musa mengajak Yusya' untuk meneruskan perjalanan lagi selama satu hari satu malam.

Di suatu tempat Nabi Musa berhenti karena perutnya terasa

---

[4] Menurut salah satu riwayat tempat itu adalah antara lautan Roma dan lautan Persia.

lapar. Ia berkata kepada muridnya, "Bawalah kemari makanan kita sesungguhnya kita telah merasa letih karena perjalanan kita ini."

Di saat Yusya' hendak membuka keranjangnya, waktu itulah dia teringat akan kejadian menghilangnya ikan ajaib yang mempersonakan hatinya itu.

Dia berkata kepada Nabi Musa, "Tahukan kamu tatkala kita mencari tempat berlindung di batu tadi, maka sesungguhnya aku lupa (menceritakan tentang) ikan itu dan tidak adalah yang melupakan aku untuk menceritakannya, kecuali syaithan. Dan ikan itu mengambil jalannya ke laut dengan cara yang aneh sekali."

Nabi Musa berkata, "Itulah (tempat) yang kita cari."

Betapa berat perjalanan mencari hikmah ilmu sejati. Begitu jauh keduanya melangkah. Setelah sampai ditempat yang dituju ternyata Yusya' digoda syaithan sehingga lupa menceritakan kejadian menghilangnya ikan didalam keranjang. Padahal mereka telah menempuh perjalanan satu hari satu malam dari tempat tujuan. Kini terpaksa mereka harus kembali mengikuti jejak semula. Belum lagi bertemu dengan hamba yang shaleh itu mereka harus diuji dengan ujian sabar yang cukup berat.

Ketika Nabi Musa sampai di tempat istirahatnya ia berkata kepada muridnya, "Aku mencium bau manusia. Pasti disinilah kita akan menemui hamba Allah itu."

Hamba Allah itu adalah seorang laki-laki tua, badannya kurus ramping, tetapi matanya berkilau-kilau menampakkan jiwa ke-Nabian yang terpancar ke hadapan Nabi Musa, dan air mukanya menampakkan sosok manusia yang taqwa.

Lalu Nabi Musa memberi salam kapadanya:

“Assalamu’alaikum, wahai jiwa yang suci yang dibalut kain putih!” Dan dijabab: “Wa’alaikumussalaam ya Musa Nabinya Bani Israil. Aman sajalah engkau di negeriku ini!”

Nabi Musa berkata. “Namaku Musa.”

Laki-laki tua itu menjawab. “Ya, aku tahu namamu Musa, pemimpin orang-orang Ismail.”

Nabi Musa heran atas ketajaman mata hati laki-laki itu. Dia yakin laki-laki di hadapannya adalah Khidir yang dicarinya selamanya ini segera ia bilang lagi: “Ya, betul. Tujuanku kemari hanyalah memenuhi keinginanku untuk berguru kepadamu, dan apakah engkau bersedia mengajariku tentang ilmu yang benar seperti yang telah engkau dapatkan dari Allah?”

Laki-laki tua itu memang Khidir. Dia berkata, “Sesungguhnya engkau sekali-kali tidak akan sanggup bersabar diri bersamaku. Wahai Musa, sesungguhnya Allah telah mengajariku ilmu pengetahuan yang Ghaib yang engkau sendiri belum diajari oleh-Nya. Sebaiknya, Dia mungkin telah mengajarimu ilmu-ilmu yang aku sendiri tidak diajari oleh-Nya.

Jawab Musa, “Insya Allah kamu akan mendapati aku sebagai orang yang sabar, dan aku tidak akan menentangmu dalam sesuatu persoalan apapun.”

Khidir berkata, “Jika engkau ingin mengikuti aku, maka janganlah sekali-kali engkau menanyakan sesuatu apapun, sampai aku sendiri menjelaskannya kepadamu.”

Setelah itu mereka menelusuri tepi pantai. Tiba-tiba Nampak oleh mereka perahu-perahu milik penduduk negeri itu. Begitu para awak perahu itu mengenali Khidir, mereka bersepakat untuk mengajaknya naik perahu tanpa dipungut ongkos. Kemudian Khidir berkata kepada Musa, “Wahai Musa apakah engkau melihat kakimu yang basah oleh air laut ketika kita akan naik perahu ini?"

Khidir berkata, "Jika engkau ingin mengikuti aku, maka janganlah sekali-kali engkau menanyakan sesuatu apapun, sampai aku sendiri menjelaskannya kepadamu."

Nabi Musa menjawab, “Ya aku melihatnya. Air laut itu membasahi kulit kakiku, tetapi sekarang sudah kering kembali.”

Kata Khidir, “Wahai Musa, ketahuilah bahwa perbandingan antara ilmu manusia dengan ilmu Allah yang Maha luas tak terjajaki sebagaimana air laut itu. Sedangkan ilmu manusia hanyalah sebatas air yang membasahi kulit kakimu sebagai karunia-Nya kepada manusia. Dan oleh karena air laut yang menempel di kakimu itu kering kembali maka bersiap-siaplah dengan pertanggung jawabannya kelak, sebab dia bakal meminta ilmu-Nya yang ada padamu sekarang." Firman Allah: Katakanlah, andai kata lautan dijadikan tinta untuk menuliskan kelimat-kalimat Allah Tuhanku, niscaya akan habis air lautan itu sebelum habis kalimat-kalimat Tuhanku, meskipun kamu menambah lagi air laut sebanyak itu." (Al Kahfi: 109).

Pada saat mereka berdua berbincang-bincang di atas perahu, dan para awak perahu sedang sibuk sehingga tidak memperhatikan mereka, tiba-tiba Khidir mengambil sebuah kampak besar dan merusak dinding perahu itu, sehingga perahu yang asalnya bagus dan indah kini menjadi cacat dan jelek dipandang mata.

Melihat perbuatan Khidir itu, Nabi Musa terperanjat keheranan dan berkata: "Apakah kamu hendak merugikan orang yang telah berbuat baik kapada kita dan berusaha untuk menenggelamkan perahu berikut awaknya ke dalam lautan ini?"

Pada saat mereka berdua berbincang-bincang di atas perahu, dan para awak perahu sedang sibuk sehingga tidak memperhatikan mereka, tiba-tiba Khidir mengambil sebuah kampak besar dan merusak dinding perahu itu .....

Khidir menjawab, “Bukankah aku telah berkata bahwa engkau tidak akan sanggup bersabar bersamaku?”

Nabi Musa berkata, “Janganlah kamu menghukum aku karena

kelupaanku ini dan janganlah kamu membebani aku dengan persoalan-persoalan yang rumit."

Rasulullah SAW bersabda,: "Kata-kata Nabi Musa itu memang benar-benar karena kelupaannya, bukan sebab kebodohannya." Ketika mereka hendak turun dari atas perahu yang telah diselamatkan oleh Khidir dari perampokan dan perampasan secara paksa oleh penguasa yang kejam pada saat itu, Khidir menunjukkan kepada Nabi Musa keanehan yang dilakukan seekor burung camar ketika ia minum beberapa tetes air laut.

Khidir berkata, "Hai Musa, lihatlah, burung camar itu meminum dari air laut yang sangat banyak ini, Seperti itulah halnya dengan ilmu yang ada pada-Nya."

Kemudian, mereka berjalan di atas pasir manuju perkampungan nelayan yang ada di sana, dan mereka bertemu dengan seorang anak kecil sedang bermain-main dengan kawan-kawannya. Khidir memanggil anak itu, lalu ditangkap, dihimpit, dicekik hingga mati ditangannya sendiri.

Kemudian, mereka berjalan diatas pasir manuju perkampungan nelayan yang ada disana, dan mereka bertemu dengan seorang anak kecil sedang bermain-main dengan kawan-kawannya. Khidir memanggil anak itu, lalu ditangkap, dihimpit, dicekik hingga mati ditangannya sendiri.

Kemudian mereka mendapatkan sebuah dinding rumah yang hampir roboh. Dan Khidir memperbaikinya hingga tegak kembali.

Melihat kejadian itu Nabi Musa lupa kan janji yang diucapkannya. Kemudian berkata: "Mengapa kamu membunuh anak tak berdosa ini. Sungguh kamu telah melakukan suatu kemungkaran."

Khidir berkata: "Bukankah aku telah berkata kepadamu bahwa kamu tidak akan dapat bersabar bersamamu?"

Nabi Muhammad SAW, bersabda kepada sahabat-sabahatnya: "Perbuatan Khidir yang pertama tidak seberapa parah dibandingkan dengan yang kedua itu."

Lalu Nabi Musa berkata: "Jika aku menanyakan lag sesuatu kepada mu setelah ini maka janganlah kamu memperbolehkan aku mengikutimu, karena sesungguhnya kamu sudah cukup memberi udzur kepadaku."

Maka berjalanlah mereka hingga sampai pada suatu negeri Lantas meminta penduduk negeri itu untuk menjamunya. Tetapi mereka tidak mau menjamu kedua orang asing itu. Kemudian mereka mendapatkan sebuah dinding rumah yang hampir roboh. Dan Khidir memperbaikinya hingga tegak kembali.

Nabi Musa berkata: "Penduduk negri ini tidak menyukai kita bertamu kepada mereka. Mengapa kamu tidak minta upah saja."

Khidir menjawabnya: "Inilah saat perpisahan antara aku dengan engkau (Inilah yang membedakan aku denganmu). Dan aku hendak memberitahukan kepadamu tujuan perbuatan-perbuatanku yang engkau tidak bisa sabar terhadapnya."

Kemudian Rasululah SAW bersabda: "Kita pasti senang mendengarkan riwayat (tentang Nabi Musa dan Khidir) ini. Tetapi Allah SWT memutuskan kidah mereka hanya sampai sekian."

SEBAB PERTEMUAN MUSA DAN KHIDIR

Pada suatu hari Nabi Musa berpidato di hadapan Bani Israil. Mengingatkan mereka akan perintah dan larangan Allah. Tiba-tiba, diantara hadirin ada seorang laki-laki yang berdiri mengajukan pertanyaan kepadanya.: "Wahai Nabi Musa, siapakah orang yang paling pandai dimuka bumi Allah ini?"

Tanpa ragu, dia langsung menjawab: "Aku."

Karena kekeliruan Nabi Musa inilah maka Allah menurunkan wahyu kepadanya sebagai peringatan dan teguran.

Allah berfirman: "Wahai Musa, Aku mempunyai hamba yang shalih dan alim melebihi pengetahuan-pengetahuan yang ada padamu. Dia berada di suatu tempat pertemuan dua lautan." (Riwayat Bukhari dan Muslim).

Riwayat lain menerangkan bahwa Nabi Musa bertanya kepada Allah katanya: "Ya Tuhanku, siapakah gerangan diantara hamba-hamba-Mu yang lebih pintar dariku. Tunjukilah aku kepadanya agar aku bisa menimba ilmu pengetahuan yang tidak kumiliki."

Maka Allah berfirman kepadanya: "Hai Musa, diantara hamba-hambaKu ada seorang yang lebih alim dari padamu. Dia berada disuatu tempat pertemuan antara dua lautan." Setelah itu Allah merestui Nabi Musa untuk mencarinya. (Shahih Muslim fi Syarkhi Bukhari, jux XV hal 137-138).

Dalam riwayat lain dikisahkan, bahwa Nabi Musa bertanya kepada Tuhannya: Ya Allah, siapakah gerangan orang yang paling engkau sukai?"

Allah menjawab: "Siapa saja diantara hamba-Ku yang senantiasa menyebut nama-Ku dan tidak pernah membiarkan waktunya kosong dari menyebut (dzikir) kepada-Ku."

Nabi Musa bertanya lagi: "Ya Allah, siapakah diantara hamba-hambu-Mu yang paling berlaku adil?"

Alah berfirman: "Dia adalah orang yang paling mengutamakan kebenararn Mu yang paling berlaku adil?"

Allah berfirman: "Dia adalah orang yang paling mengutamakan kebenaran (haq) dan membuang bujukan hawa nafsunya."

Kembali Nabi Musa bertanya: "Ya Allah, siapa pula diantara hamba-hambaMu yang paling berilmu. Barangkali dengan ilmunya dia bisa memberi petunjuk kepada orang lain sehingga ia mau berpaling dari hal-hal yang akan memalingkannya dari Engkau."

Dalam hatinya, Nabi Musa bergumam, bahwa tidak mungkin ada seorangpun yang melebihi ilmunya. Tetapi begitu dia teringat akan firman Allah yang menyatakan: "Orang yang paling pandai adalah siapa yang selalu belajar ilmu pengetahuan kepada orang lain."

Nabi Musa bertanya-tanya sendiri dalam hati: Masih adakah diantara hamba-hamba-Mu yang lebih alim dari padaku?

Maka Allah berfirman: "Ya ada. Dia berada di dekat sebuah batu besar pada pertemuan dua lautan."

Setelah Nabi Musa bercapap-cakap dengan Tuhannya lalu mempelajari kitab Taurat. Timbullah perasaan dalam hatinya bahwa dirinya adalah satu-satunya hamba Allah yang paling alim. Karenanya maka Allah mempertamukannya dengan Khidir. (Al Awhu, Ibnu Abdi Robbi, Juz II hal 73).

Diriwayatkan bahwa pada saat Nabi Musa beserta kaumnya telah tiba di Mesir dari tanah perasingan mereka dan diselamatkan dari kejaran prajurit-prajurit Fir'aun, Nabi Musa lalu berpidato:

“Kita sudah diselamatkan oleh Allah ke negeri kita tercinta ini. Negeri yang berlimpahan rezqi dan nikmat Nya. Maka jagalah kedamaian diantara kalian. Jangan sampai ada saling menganiaya sesama, apalagi tega untuk menyakitinya. Mintalah kepada Allah niscaya dia mengabulkan permohonan kalian. Karena Nabi kalian ini adalah paling utamanya penghuni bumi sebagaimana kalian ketahui dari kitab Taurat. Dan syukurilah semua-karunia-Nya agar kalian selamat dari ancaman azab-Nya.

Sesudah itu, berdirilah seorang laki-laki diantara hadirin lalu bertanya: “Hai Musa, tidak adakah orang lain yang melebihi kepintaranmu?” Musa menjawab: “Tidak ada.”

Sebagai teguran atas kelalaian Nabi-Nya, Allah berfirman kepadanya: “Hai Musa, kamu tidak mungkin tahu dimana Aku menyimpan ilmu-ilmu Ku.”

Nabi Musa menjawab: “Benar ya Allah, aku tidak mengetahuinya.”

Firman-Nya lagi: “Sesungguhnya di tepi pantai sana, ada seorang hamba Ku yang shalih dan lebih pintar darimu.” Maka Nabi Musa mencarinya. (Riwayat Ibnu dan Ibnu Abi Hatim, dalam Ruhul Ma’ani juz XV hal 313. Tafsir al-Fakhrurrazi juz XII hal 144, 145. Tarikh,Ibnu Jarir juz I hal 191).

Satu riwayat lain mengisahkan bahwa tatkala Nabi Musa berpidato di hadapan kaumnya, Dia memberi peringatan kepada mereka agar mensyukuri nikmat-nikmat yang telah diberikan oleh Allah.

Kemahiran Nabi Musa menyampaikan pembicaraan dalam pertemuan itu sempat menyentuh hati dan perasaan mereka. Sehingga banyak diantara mereka yang mencucurkan air mata, tanpa disadari.

Selesai perpidato, tiba-tiba berdirilah seseorang diantara hadirin dan bertanya kepada Nabi Musa: “Hai Musa utusan Allah, adakah selain engkau orang yang paling pandai berpidato?’

Nabi Musa menjawab: “Tidak ada,” Jawaban itu dilontarkan Nabi Musa dengan kesadaran bahwa dirinya telah diberi mukjizat luar biasa yang tidak mungkin ada yang mengalahkannya. Dia berkata dalam hati, “Akulah Nabi Bani Israil yang paling besar. Akulah penakluk Fir’aun. Aku memiliki tongkat mukjizat ini. Aku genggam cahaya berkilauan di tanganku. Aku diberi kitab Taurat dan aku mendapat kehormatan bisa bercakap-cakap dengan Tuhan. Apalagi yang masih kurang pada diriku ini? Sungguh aku adalah hamba Allah yang paling mulia.”

Firman Allah menjelaskan bahwa ilmu yang diberikan Allah kepada Khidir jauh lebih luas dibandingkan wahyu yang diterimanya. Kerasulannya saja tidak cukup memadai untuk membesarkan dirinya dan selalu ada orang yang diungguli atau mengungguli orang lain, seperti halnya hambaNya yang shalih itu.

Menyadari firman Allah itu, Nabi Musa merasa penasaran, dan ingin menjumpainya secepat mungkin. Lalu dia bertanya kepada Allah. “Di manakah tempat hamba-Mu yang shalih itu? Mudah-mudahan dia mau mengajarkan ilmu-ilmu yang dimilikinya, walaupun sepercik bunga api saja.

Allah menjawab: “Hambaku itu dapat kau jumpai di pertemuan dua lautan.” (Diriwayatkan oleh ibnu Abiddun-ya, Ibnu Asakir dan Al Bathaqi dalam kitab As Sya’bi, Ruhul Ma’ani juz XVI ha. 18. Tafsir Al Qurthubi juz hal 45).

PESAN-PESAN KHIDIR KEPADA NABI MUSA.

Ketika Khidir hendak berpisah dengan Nabi Musa, dia (Musa) berkata "Berilah aku wasiat."

Jawab Khidir: "Wahai Musa, jadilah kamu orang yang berguna bagi orang lain. Janganlah sekali-kali kamu menjadi orang yang hanya menimbulkan kecemasan diantara mereka hingga kamu dibenci mereka. Jadilah kamu orang yang senantiasa menampakkan wajah ceria dan janganlah sampai mengerutkan dahimu kapada mereka. Janganlah kamu berkeras kepala, atau bekerja tanpa tujuan. Apabila kamu mencela seseorang, hanya karena kekeliruan nya saja. Kemudian tangisilah dosa-dosamu, wahai Ibnu Imron!" (Al Bidayah Wa An Nihayah juz I hal 329, Ihya Ulumuddin juz IV hal 56).

Diriwayatkan bahwa setelah Khidir mau meninggalkan Nabi Musa, dia berpesan kepadanya: "Wahai Musa, pelajarilah ilmu-ilmu kebenaran agar kamu dapat mengerti apa yang belum kamu fahami, tetapi jangan sampai kamu jadikan ilmu-ilmu itu hanya sebagai bahan omongan." (Riwayat Ibnu Abi Hatim dan Ibnu Asakir).

Sebelum Khidir berpisah dengan Nabi Musa yang tidak sabar itu dia berpesan: "Wahai Musa, sesungguhnya orang yang selalu memberi nasehat itu tidak pernah merasa jemu seperti kejemuan orang-orang yang mendengarkannya. Maka janganlah kamu berlama-lama dalam menasehati kaummu. Dan ketahuilah bahwa hatimu itu ibarat sebuah bejana yang harus kamu rawat dan pelihara dari hal-hal yang memecahkannya. Kurangilah usaha-usaha duniawimu dan buanglah jauh-jauh di belakangmu, karena dunia ini bukan alam yang akan kamu tempati selamanya. Kamu diciptakan adalah untuk mencari tabungan pahala-pahala akhirat nanti. Bersikap ikhlaslah dan bersabar hati menghadapi kemaksiatan yang dilakukan kaummu. Hai Musa, tumpahkanlah seluruh pengetahuan (ilmu) mu, karena tempat yang kosong akan terisi oleh ilmu yang lain. Janganlah kamu banyak mengomongkan ilmumu itu karena kamu akan dipisahkah oleh kaum ulama'. Maka bersikap sederhana sajalah, sebab sederhana itu akan menghalangi aibmu dan akan membukakan taufiq hidayah Allah untukmu. Berantaslah kejahilan kamu dengan cara membuang sikap masa bodohmu (ketidak-pedulianmu) yang selama ini menyelimuti dirimu. Itulah sifat orang-orang arif lagi bijaksana, menjadi rahmat bagi semuanya. Apabila orang bodoh datang kepadamu dan mancacimu, rendamlah ia dengah penuh kedewasaan serta keteguhan hatimu. Hai putera Imron, tidaklah kamu sadari bahwa ilmu Allah yang kamu miliki hanya sedikit saja. Sesungguhnya menutup-nutupi kekurangan yang ada pada dirimu atau bersikap sewenang-wenang adalah menyiksa dirimu sendiri. Janganlah pula kamu kunci pintu ilmu ini jika kamu tidak tahu bagaimana membukanya, hai putera Imron! Barang siapa suka menumpuk-numpuk benda, dia sendiri bakal mati tertimbun dengannya hingga dia merasakan akibat dari kerakusannya itu.

Namun, semua hamba yang mensyukuri semua karunia Allah serta memohon kesabaran atas ketentuan-ketentuan-Nya, dialah hamba yang zuhud dan patut diteladani. Bukankah orang seperti itu mampu mengalahkan nafsu syahwatnya dan dapat memerangi bujuk rayu syetan? Dan dia pula orang yang mengetam buah dari ilmu yang selama ini dicarinya. Segala amal kabajikan dunianya akan tenteram di tengah-tengah masyarakat yang merasakan jasa-jasa-nya. Hai Musa, pelajarilah olehmu ilmu-ilmu pengetahuan agar kamu dapat mengetahui segala yang belum kamu ketahui, misalnya masalah-masalah yang tidak bisa diomongkan atau dijadikan bahan pembicaraan saja. Itulah penuntun jalanmu dan orang-orang akan disejukkan hatinya. Hai Musa, putera Imron, jadikanlah pakaianmu bersumber dari dzikir dan fikir serta perbanyaklah amal kebajikan. Suatu hari kamu tidak akan mampu mengelak dari kesalahan, maka pintalah keridlaan Allah dengan berbuat kebajikan, karena pada saat-saat tertentu akalmu pasti akan melanggar laranganNya. Sekarang telah kupenuhi kehendakmu untuk memberi pesan-pesaan kepadamu. Omonganku ini tidak akan sia-sia bila kamu mau menurutinya." (Kitab Tahdzibul Asma Juz I hal 176-177, Shahih Muslim fisyarkin Nawawi hal 15-135/136. Ruhul Mu'ni juz XV hal. 223, dan Fathul Bari juz VI ha. 310).

Setelah itu Khidir meninggalkan Nabi Musa yang duduk termenung dalam tangis kesedihan.

SIAPA KHIDIR?

Dari Sembilan sumber kaum ulama yang menjelaskan nama-namanya ada satu pendapat yang memanggilnya Khiri dengan nama "Khiri". Dan tentang nama ayahnya juga perselisihan ulama sampai delapan nama.

Inilah beberapa pendapat tentang Khidir:

a. Khiri adalah nama seorang anak cucu Adam yang taat beribadah kepada Allah dan ditangguhkan ajalnya (Kitab Al Ifrad, oleh Daruqutani dan Ibnu Asakir, riwayat dari Ibnu Abbas).
b. Ibnu Khidir berasal dari Romawi sedangkan bapaknya keturunan bangsa Persi. (Fathul Bari juz VI hal 310. Al Bidayah wan Nihayah juz I hal. 326. Ruhul Ma'ani juz XV hal 319).
c. Kata Al Alusa: Aku tidak membenarkan semua sumber yang menyatakan tentang riwayat asal-usul Khidir. Tetapi An Nawawi menyebutkan bahwa Khidir adalah putera seorang raja (Fahtul Bari juz VI hal. 390).

KHIDIR MASIH HIDUP HINGGA AKHIR ZAMAN

Ulama besar ahli Hadits yaitu Imam An-Nawawi menyebutkan bahwa dia sendiri berselisih pendapat tentang hidupnya Khidir.

Sebagian besar ulama beranggapan bahwa Khidir masih hidup di tengah-tengah kita. Imam An Nawawi berkata, "Pendapat ini tidak ditentang sedikitpun oleh Ulama-ulama kaum sufi dan ahli-ahli ma'rifah. Mereka pernah menceritakan pengalamannya pada waktu berjumpa, berkumpul dan berbincang-bincang dengan Khidir. Dia (Khidir) terlalu mulya untuk dicaci atau dicari-cari aibnya, dan dia akan tetap dikenal walau kita berusaha menutup-nutupi berita tentang dirinya."

Di dalam Kitab Syarah Muhadzah juz V halaman 305 Ab Nawawi berkata bahwa ada beberapa orang sahabatnya yang mempunyai dalil yang membuktikan hidupnya Khidir. Dia berkata, "Dan sebagian besar kaum ulama' berkeyakinan bahwa Khidir masih hidup sampai sekarang."

Syeikh Ismail Haqqi berkata: "Kaum sufi dan para ulama bersepakat dengan keyakinan mereka bahwa Khidir masih hidup sampai sekarang."

Pendapat itu diikuti oleh Ibnu Arabi, Abu Thalib Al-Makki dan Al-Hakiem. At-Turmudzi dan ulama-ulama yang lain seperti tokoh-tokoh sufi: Ibnu Adham, Basyar Al-Hafi, Ma'ruf Al-Karkhi, Sari As-Saqati dan Al-Junaid serta Khalifah Umar bin Abdul Aziz RA.

Di akhir Kitab Sahih Muslim bab yang menyebutkan hadits-hadits tentang Dajjal, Abu Said Al-Khudri berkata: "Pada suatu hari Rasulullah SAW bercerita panjang lebar kepada kami tentang diri Dajjal. Di antaranya beliau bersabda:

"Ia datang tetapi diharamkan untuk memasuki lingkungan Madinah. Lalu ia berhenti di sebagian daerah yang terdapat sesudah Madinah dan pada suatu hari ia di datangi oleh seorang laki-laki yang baik termasuk orang yang terbaik di antara manusia saat itu kemudian dia berkata: "Saya bersaksi bahwa anda ini Dajjal yang diceritakan Nabi dalam haditsnya." Dajjal menjawab: "Bagaimana menurut kalian jika aku membunuh orang ini lalu aku hidupkan kembali? Apakah kalian mengusulkan sesuatu?" Mereka menjawab: "Tidak!" Lalu Dajjal membunuh orang itu kemudian dihidupkan lagi ketika orang itu akan dihidupkan kembali dia berkata, "Demi Allah, di kalangan anda sama sekali tidak kudapati hari ini orang yang paling hebat pikirannya dibanding aku." Maka Dajjal akan membunuhnya tetapi tidak kuasa lagi.[5]

Abu Ishak berkata: "Orang laki-laki itu adalah Khidir alaihissalam."

Imam An-Nawawi berkata, "Abu Ishak itu bernama Ibrahim bin Sofyan. Dia banyak meriwayatkan berbagai kisah dari Imam Muslim."

Mu'ammar berkata di dalam kitabnya Musnad: "Lelaki (yang pernah dijumpainya) itu adalah sayyidina Khidir." Kemudian dia (Mu'ammar) menjelaskan Hadits Nabi di atas. Hadits Rasulullah itu sebagai satu bukti bahwasannya Khidir masih hidup."

Sedangkan para ulama yang menyebutkan kematian Khidir antara lain adalah abu Farj Ibnul Jauzi yang mengacu kepada ucapan Ibnu Taimiyah dan beberapa ayat Qur'an dan Hadits Nabi.

---

[5] HR, Muslim, Syarah An Nawawi Juz XVIII hal 71-72

Seorang ulama bernama Ibrahim: Al Harbi ditanya tentang hidupnya Khidir lalu dia menjawab: "Barangsiapa yang berkata mustahil terhadap masalah yang tidak diketahuinya, maka ia adalah syetan yang berwujud manusia."[6]

TERGOLONG NABI ATAU WALI?

Ada beberapa ulama yang menganggap Khidir adalah seorang wali atau ulama besar yang tinggi ilmunya dan suci kepribadiannya. Namun sebagian besar ulama mengatakan bahwa Khidir adalah seorang nabi.

Di dalam fatwa-fatwanya, Syeikh Abu Umar bin Shalah berkata, "Dia (Khidir) adalah nabi. Tetapi para ulama bertentangan pendapat tentang kerasulannya."

Seorang ulama ahli tafsir bernama Abu Ishaq Al-Alibi berkata Khidir adalah seorang Nabi. Tetapi ia tidak mudah dilihat oleh sembarang orang."

Sebagian besar ulama menafsirkan kata Rahmah di dalam ayat di bawah ini adalah Nabi atau Wahyu:

"Telah kami berikan rahmat kepadanya (Khidir) dari sisi Kami." (Q.S. Al-Kahfi: 65).

Juga ada ayat yang menegaskan tentang kenabiannya yaitu:

"Dan bukanlah aku melakukannya menurut kemauanku sendiri (Kata Khidir kepada Musa)." (Q.S. Al-Kahfi: 82).

Maksudnya adalah Khidir dikaruniai pengetahuan oleh Allah melebihi batas kemampuan manusia biasa, bahkan di atas kemampuan Nabi Musa. Kalau Kdihir bukan seorang Nabi, pantaskah Nabi Musa berguru kepadanya?

---

[6] Ruhul Ma'ani Juz XV, hal 320

Ahli Tafsir terkenal yaitu Ibnu Katsir lebih condong menggolongkan Khidir kepada para Nabi, maka dia berkata: Allah SWT berfirman:

"Lalu mereka bertemu dengan seorang hamba di antara hamba-hamba kami, yang telah kami berikan kepadanya rahmat di sisi kami, dan yang telah kami ajarkan kepadanya ilmu dari sisi kami (Q.S. Al-Kahfi: 65).

Dan masih banyak lagi ayat-ayat Qur'an yang menjelaskan makna kata Rahmat adalah Nabi. Seperti pada Surat Huud: 28 atau Surat Maryam: 21

Bab 2

KHIDIR DAN IBRAHIM BIN AD-HAM

SANG RAJA TINGGALKAN ISTANA

Ibrahim bin Ad-Ham adalah seorang raja Balkh yang sangat luas daerah kekuasaannya. Ke manapun pergi, empat puluh buah pedang emas dan empat puluh buah tongkat kebesaran emas di-usung didepan dan di belakangnya. Pada suatu malam ketika is tertidur dikamar istananya, langit-langit kamar bergerak seolah-olah ada seorang yang sedang berjalan di atas atap Ibrahim terjaga dan berseru, "Siapakah itu?"

"Seorang sahabat," terdengar sebuah sahutan, "Untaku hilang dan aku sedang mencarinya di atas atap ini."

"Goblok, engkau hendak mencari unta di atas atap?" seru Ibrahim.

"Wahai manusia yang lalai," suara itu menjawab. "Apakah engkau hendak mencari Allah dengan berpakaian sutera dan tidur di atas ranjang emas?"

Kata-kata ini sangat menggetarkan hati Ibrahim. Ia sangat gelisah dan tak dapat meneruskan tidurnya. Ketika hari telah siang, Ibrahim kembali ke ruang pertemuan dan duduk di atas singgasananya sambil berpikir-pikir, bingung dan sangat gundah.

Ibrahim bin Ad-Ham adalah seorang raja Balkh yang sangat luas daerah kekuasaannya ke manapun ia pergi, empat puluh buah pedang emas dan empat puluh buah tongkat kebesaran emas diusung di depan dan di belakangnya.

Para menteri telah berdiri di tempat masing-masing. Hamba-hamba telah berbaris sesuai dengan tingkatan mereka. Kemudian dimulailah petemuan terbuka.

Tiba-tiba seorang lelaki berwajah menakutkan masuk ke dalam ruangan pertemuan itu. Wajahnya demikian menyeramkan sehingga tak seorangpun di antara prajurit, perwira dan anggota-anggota maupun hamba-hamba istana yang berani menanyakan namanya. Semua lidah menjadi kelu. Dengan tenang lelaki itu melangkah ke depan singgasana.

"Apakah yang engkau inginkan?" tanya Ibrahim.

"Aku baru saja sampai di persinggahan ini," jawab lelaki berwajah menyeramkan itu.

"Ini bukan sebuah persinggahan para kafilah. Ini adalah istanaku. Engkau sudah gila!" Ibrahim menghardik.

"Siapa pemilik istana ini sebelum engkau?" tanya lelaki itu

"Ayahku!" jawab Ibrahim

"Dan sebelum ayahmu?"

"Kekekku!"

"Dan sebelum dia?"

"Kekek dari kakekku."

"Ke manakah mereka sekarang ini?" tanya lelaki itu.

"Mereka telah tiada. Mereka telah mati!" Jawab Ibrahim.

"Jika demikian, bukankah ini sebuah persinggahan yang dimasuki oleh seseorang dan ditinggalkan oleh yang lainnya?"

Setelah berkata demikian lelaki itu hilang. Sesungguhnya dia adalah Nabi Khidir as yang sedang menyamar dan mengetuk hati Ibrahim.

Kegelisahan dan kegundahan hati Ibrahim semakin menjadi-jadi. Ia dihantui bayangan di siang hari dan mendengar suara-suara di malam hari: Keduanya sama-sama membingungkan. Akhirnya karena tidak tahan lagi, pada suatu hari berserulah Ibharim "Persiapkan kudaku! Aku hendak pergi berburu. Aku tak tahu apa yang terjadi pada diriku belakangan ini. Ya, Allah kapan semua ini akan berahir?"

Kudanya yang terbaik telah dipersiapkan, lalu berangkatlah ia berburu. Kuda itu dipacunya menembus padang pasir. Seolah-olah ia tak sadar akan perbuatannya. Dalam kebingungan itu ia terpisah dari rombongannya. Tiba-tiba terdengar olehnya sebuah seruan "Bangunlah!"

Ibrahim pura-pura tidak mendengar seruan itu ia terus memacu kudanya. Untuk kedua kalinya suara itu berseru padanya. Namun Ibrahim tetap tak mempedulikannya. Ketika suara itu terdengar berseru untuk ketiga kalinya Ibrahim malah memacu kudanya lebih cepat lagi. Akhirnya untuk keempat kalinya suara itu berseru dengan keras: "Bangunlah sebelum engkau kucambuk!"

Ibrahim tidak dapat mengendalikan dirinya. Saat itu terlihat olehnya seekor rusa. Ibrahim hendak memburu rusa itu, tetapi rusa itu berkata kepadanya, "Aku disuruh memburumu. Engkau tidak dapat menangkapku. Untuk inikah engkau diciptakan? Atau inikah yang diperintahkan kepadamu?"

"Wahai, apakah yang menghadang diriku ini?" seru Ibrahim. Ia mencoba memalingkan wajahnya dari rusa tersebut. Tetapi dari pegangan di pelananya kudanya terdengar suara yang menyerukan kata-kata serupa. Ibrahim panik dan ketakutan. Seruan itu semakin jelas karena Allah hendak menyempurnakan janji-Nya. Kemudian suara yang serupa berseru pula dari mantelnya. Akhirnya sempurnalah seruan Allah itu dan pintu surga terbuka bagi Ibrahim. Keyakinan yang teguh telah tertanam di dalam dadanya. Ibrahim turun dari kudanya. Seluruh pakaian dan tubuh kudanya basah oleh cucuran air matanya. Dengan sepenuh hati Ibrahim bertaubat kepada Allah.

Ketika Ibrahim menyimpang dari jalan raya, ia melihat seorang gembala yang mengenakan pakaian dan topi terbuat dari bulu domba. Gembala itu sedang menggiring sekawanan ternak. Setelah diamatinya ternyata gembala itu adalah sehaya yang sedang menggembalakan domba-domba milik Ibrahim sendiri.

Kepada si gembala Ibrahim menyerahkan mantel bersulam emas, juga topinya yang bertahtakan batu-batu permata dan domba-domba miliknya itu. Sedang dari gembala itu Ibrahim meminta pakaian dan topi bulu domba yang sedang dipakainya. Ibrahim lalu mengenakan pakaian dan topi bulu milik si gembala. Semua malaikat menyaksikan perbuatan Ibrahim itu dengan penuh kekaguman.

“Betapa megah kerajaan yang diterima putera Adam ini.” Malaikat-malaikat itu bertaka. “Ia telah mencampakkan pakaian dunia yang kotor itu menggantinya dengan jubah kepapaan yang megah.”

Dengan berjalan kaki, Ibrahim mengembara malalui gunung-gunung dan padang pasir yang luas sambil maratapi dosa-dosa yang pernah dilakukannya. Akhirnya sampailah ia di Meru. Di sini Ibrahim melihat seorang lelaki terjatuh dari sebuah jembatan. Pastilah ia akan binasa dihanyutkan air sungai.

Dari kejauhan Ibrahim berseru. “Ya Allah selamatkanlah dia!”

Seketika itu juga tubuh orang itu terhenti di udara sehingga para penolong tiba dan menariknya ke atas. Dan dengan terheran-heran mereka memandang kepada Ibrahim. "Manusia apakah ia itu?" seru mereka dengan takjub dan terheran-hearn.

Ibrahim tak mempedulikan mereka. Ia terus berjalan sampai ke Nishapur. Di kota Nishapur Ibrahim mencari sebuah tempat terpencil di mana ia dapat dengan tekun mengabdi kepada Allah. Akhirnya ditemuilah sebuah goa yang dikemudian hari menjadi amat terkenal. Didalam goa itulah Ibrahim menyendiri selama Sembilan tahun, tiga tahun pada masing-masing ruang yang terdapat di dalamnya. Tak seorangpun yang tahu apakah yang dilakukannya baik siang maupun malam di dalam goa itu. Karena hanya manusia luar biasa perkasanya yang sanggup menyendiri di dalam goa itu pada malam hari.

Saat itu terlihat olehnya seekor rusa. Ibrahim hendak memburu rusa itu tetapi rusa itu berkata kepadanya, “Aku disuruh memburumu. Engkau tidak dapat menangkapku. Untuk inikah yang diperintahkan kepadamu?”

Setiap hari Kamis, Ibrahim memanjat keluar goa untuk mengumpulkan kayu bakar, Keesokan paginya ia pergi ke Nishapur untuk menjual kayu-kayu itu.

Sang Niaga segera bergerak dari tempat itu setelah bersujud tiga kali didepan Ibrahim.

Setiap hari Kamis, Ibrahim memanjat keluar goa untuk mengumpulkan kayu bakar. Keesokan paginya ia pergi ke Nishapur untuk menjual kayu-kayu itu. Setelah melakukan shalat Jum'at ia pergi membeli roti dengan uang yang diperolehnya. Roti itu separuhnya diberikan pada pengemis dan separuhnya lagi untuk berbuka puasa. Demikianlah yang dilakukannya setiap pekan.

Pada suatu malam di musim salju. Ibrahim sedang berada didalam goa pertapaannya. Malam itu udara sangat dingin dan untuk bersuci Ibrahim harus memecahkan es. Sepanjang malam badannya menggigil namun ia tetap melaksanakan shalat dan berdo'a hingga fajar menyingsing. Ia hampir mati kedinginan. Tiba-tiba is teringat pada api. Di atas tanah dilihatnya sebuah kain bulu. Dengan benda yang dikira sebagai kain bulu itu sebagai selimut iapun tertidur. Setelah hari terang benderang barulah ia terbangun dan badannya terasa hangat. Tetapi betapa kagetnya ia, benda yang disangkanya kain bulu itu ternyata adalah seekor naga dengan biji mata berwarna merah darah. Ibrahim panic ketakutan dan berseru:

"Ya Allah Engkau telah mengirim makhluk ini dalam bentuk yang halus, tetapi sekarang terlihat bentuknya sebenarnya yang sangat mengerikan. Aku tak kuat menyaksikannya."

Sang Naga segera bergerak dari tempat itu setelah bersujud tiga kali didepan Ibrahim.

PERJALANAN MENUJU MEKKAH

Ketika kemasyhuran atas perbuatan-perbuatan tersebar luas, Ibrahim justeru meninggalkan goa pertapaannya dan pergi menuju mekkah. Ditengah padang pasir, Ibrahim berjumpa dengan tokoh besar agama yang mengajarkan kepadanya Nama Yang Teragung dari Allah dan setelah itu guru-guru suci itu pergi meninggalkannya. Dengan Nama Yang Teragung itulah, Ibrahim menyebut Allah dan sesaat kemudian ia dikaruniai bertemu dengan Nabi Khidir as.

Ibrahim. Kata Nabi Khidir. "Saudaraku Daud-lah yang mengajarkan kepadamu Nama Yang Teragung itu."

Kemudian mereka berbincang-bincang mengenai berbagai masalah. Dari pembicaraan itulah Ibrahim menyerap berbagai ilmu hakiki. Dengan seizin Allah, Nabi Khidir adalah manusia pertama yang telah menyelamatkan Ibrahim.

Perjalanan diteruskan menempuh ganasnya padang pasir. Sesampainya di Dzatul Irq, Ibrahim bertemu dengan tujuh puluh orang yang berjubah kain percah tergelatak mati dan darah mengalir dari hidung dan telinga mereka. Ibrahim berjalan mengitari mayat-mayat tersebut ternyata salah seorang dari mereka masih hidup.

"Anak muda apakah yang telah terjadi?" tanya Ibrahim.

"Wahai manusia." Jawab pemuda itu kepada Ibrahim. "Beradalah di dekat air dan tempat shalat, janganlah menjauh agar engkau tidak dihukum, tetapi jangan pula terlalu dekat agar engkau tidak celaka. Tidak seorang manusiapun boleh bersikap terlampau berani di depan Sultan. Takutilah Sahabat yang membantai dan memerangi para peziarah ke tanah suci seakan-akan mereka itu orang-orang kafir Yunani. Kami ini adalah *rombongan sufi yang menembus padang pasir dengan berpasrah kepada Allah dan berjanji tidak akan mengucapkan sepatah kata pun di dalam perjalanan, tidak akan memikirkan apapun kecuali Allah, senantiasa membayangkan Allah ketika berjalan atau istirahat.* Dan tidak perduli kepada sesuatu selain kepada-Nya.

Setelah kami sampai di padang pasir dan sampai ke tempat

para peziarah harus mengenakan jubah putih. Nabi Khidir as mendatangi kami. Kami mengucapkan salam kepadanya dan Nabi Khidir membalas salam kami. Kami sangat gembira dan berkata: "Alhamdulillah, sesungguhnya perjalanan kita telah diridhai Allah, dan yang mencari telah mendapatkan apa yang dicari, bukankah manusia suci[7] sendiri telah datang menyambut kita. Tetapi di saat itu pula berserulah sebuah suara didalam diri kami. Kalian pendusta dan berpura-pura! Demikiankah kata-kata dan janji kalian kepada Ku? Kalian lupa kepadaKu dan memuliakan yang lain. Binasalah kalian! Aku tidak akan membuat perdamaian dengan kalian sebelum nyawa kalian kucabut sebagai pembalasan dan sebelum darah kalian kutumpahkan dengan pedang kemurkaan! Hai Ibrahim, manusia-manusia yang engkau saksikan terkapar di sini, semuanya adalah korban dari pembalasan itu. Wahai Ibrahim, berhati-hatilah engkau! Engkau pun mempunyai cita-cita yang sama. Berhati-hatilah atau menyingkirlah jauh-jauh!"

Ibrahim gemetar dan ketakutan mendengar cerita itu. Ia kemudian bertanya. "Tetapi mengapa engkau tidak turut dibinasakan?"

Pemuda itu menjawab. "kepadaku dikatakan: Sahabat-sahabatmu telah matang sedang engkau masih mentah. Biarlah engkau hidup beberapa saat lagi dan akan segera menjadi matang. Setelah matang engkau pun akan menyusul mereka!"

Setelah berkata demikian pemuda itupun menghembuskan nafasnya yang terahir.

TETAP MERENDAH

Empat belas tahun lamanya Ibrahim mengarungi padang pasir.

---

[7] Yang dimaksud manusia suci adalah nabi Khidir as.

Selama itu pula ia selalu berdo'a dan merendahkan diri kapada Allah.

Namanya yang harum sudah terkenal di pelosok negeri Ketika hampir sampai di kota Mekkah, para sesepuh kota Mekkah sudah mendengar kedatangan Ibrahim, mereka keluar kota hendak menyambutnya.

Ibrahim mendahului rombongannya agar tak seorangpun mengenali dirinya. Orang-orang banyak yang mendahului sesepuh dan tokoh-tokoh tanah suci itu melihat Ibrahim tetapi karena tak pernah bertemu dengannya, mereka tak mengenalnya. Setelah Ibrahim begitu dekat, para sesepuh itu berkata. "Ibrahim bin Adham hampir sampai! Para sesepuh Tanah Suci telah datang menyambutnya."

"Apakah yang kalian inginkan dari si bid'ah itu?" tanya Ibrahim kepada mereka.

Mereka langsung meringkus Ibrahim yang telah dianggap bertaka lancing dan segera saja Ibrahim dipukuli hingga babak belur.

"Apakah yang kalian inginkan dari si bid'ah itu?" tanya Ibrahim kepada mereka. Mereka langsung meringkus Ibrahim yang telah dianggap berkata lancang dan segera saja Ibrahim dipukuli hingga babak belur."

"Para sesepuh Tanah suci sendiri datang menyambut Ibrahim tapi engkau malah menyebutnya bid'ah." Hardik mereka yang tetap belum mengenali Ibrahim karena penampilannya yang bersahaja.

"Ya, aku katakan bahwa dia adalah seorang bid'ah."

Ibrahim mengulangi ucapannya.

Ketika mereka meninggalkan dirinya, Ibrahim berkata kepada dirinya sendiri: "Engkau pernah menginginkan agar para sesepuh itu menyambut kedatanganmu, bukankah engkau telah memperoleh beberapa pukulan dari mereka? Alhamdulillah telah kusaksikan engkau telah memperoleh apa yang kau inginkan!"

Ibrahim menetap di kota Mekkah. Ia selalu dikelilingi beberapa orang sahabat dan ia memperoleh nafkah dengan memeras keringat sebagai tukang kayu.

SELALU IKHLAS DAN BEKERJA KERAS

Setiap hari Ibrahim pergi keluar rumah untuk menjual tenaganya, bekerja hingga malam, dan seluruh pendapatannya digunakan untuk kepentingan sahabat-sahabatnya.

Suatu hari, ia baru membeli makanan setelah selesai shalat Isya' dan kembali kepada sahabat-sahabatnya ketika hari telah larut malam.

Sahabat-sahabatnya berkata sesama mereka, "Ibrahim terlambat datang, marilah kita makan roti kemudian tidur. Hal ini akan menjadi peringatan kepada Ibrahim, agar lain kali ia pulang lebih cepat dan tidak membiarkan kita lama-lama menunggu.

Niat itu mereka laksanakan. Sewaktu Ibrahim pulang dilihatnya sahabat-sahabatnya sudah tertidur. Mengira bahwa mereka belum makan dan tidur dengan perut kosong, Ibrahim lalu menyalakan api. Ia membawa sedikit gandum. Maka dibuatnyalah penganan untuk santapan sahabat-sahabatnya itu apabila mereka terbangun nanti. Dengan demikian mereka dapat puasa esok hari. Sahabat-sahabatnya terbangun, melihat Ibrahim sedang meniup api, janggutnya menyentuh lantai air matanya meleleh karena asap yang mengepul-ngepul di sekelilingnya.

"Apakah yang sedang engkau lakukan?" tanya mereka.

"Kulihat kalian sedang tertidur," jawab Ibrahim. "Kukira kalian belum memperoleh makanan dan tertidur dalam keadaan lapar, karena itu kubuatkan penganan untuk makanan kalian setelah bangun."

"Betapa ia memikirkan diri kita," kata mereka. "Dan betapa kita berpikir yang bukan-bukan mengenai dirinya."

TAK PERNAH SILAU OLEH GEMERLAP DUNIA

Ada seorang kaya yang datang hendak memberi uang seribu dinar kepada Ibrahim. "Terimalah uang ini," katanya kepada Ibrahim.

"Aku tidak mau menerima sesuatupun dari para pengemis," jawab Ibrahim.

"Tetapi aku adalah seorang yang kaya," sergah orang itu.

"Apakah engkau masih menginginkan kekayaan yang lebih besar dari yang telah engkau miliki sekarang ini?" tanya Ibrahim.

"Ya!" jawabnya.

"Bawalah kembali uang ini. Engkau adalah ketua para pengemis. Engkau bukan seorang pengemis lagi tetapi seorang yang sangat miskin dan terlunta-lunta."

Memang, Ibrahim tidak melihat ujud kekayaan materi orang itu. Melainkan melihat dari nafsu keinginan orang itu yang selalu haus melipat gandakan kekayaannya.

Suatu ketika Ibrahim dikabari mengenai seorang pertapa remaja yang telah memperoleh pengalaman-pengalaman menakjubkan dan telah melakukan disiplin diri yang sangat keras.

“Tolong antarkan aku kepadanya, aku ingin sekali bertemu dengannya,” kata Ibrahim.

Mereka mengantarkan Ibrahim ke tempat si pemuda yang berlaku seperti kaum sufi.

“Jadilah tamuku selama tiga hari,” si pemuda mengundang Ibrahim. Ibrahim menerima undangannya. Dan selama itu pula Ibrahim memperhatikan tingkah laku pemuda itu. Ternyata yang disaksikan Ibrahim lebih menakjubkan daripada yang diceritakan sahabat-sahabatnya. Sepanjang malam si pemuda tidak pernah tertidur atau pun terlena. Menyaksikan semua itu Ibrahim menjadi iri.

“Aku demikian lemah,” kata Ibrahim dalam hati. “Tidak seperti pemuda ini yang tak pernah tidur dan beristirahat sepanjang malam. Aku akan mengamati dirinya lebih seksama. Akan kuselidiki apakah syetan telah masuk ke dalam tubuhnya atau semua ini wajar sebagaimana mestinya. Yang menjadi persoalan adalah apa yang dimakan seseorang.”

Maka diselidikilah makanan si pemuda. Ternyata si pemuda memperoleh makanan dari sumber yang tidak halal.

“Mahabesar Allah,” kata Ibrahim dalam hati. “Ternyata semua keistimewaan berasal dari syetan.”

Ibrahim berkata kepada pemuda itu. “Aku telah menjadi tamumu selama tiga hari. Kini kau yang menjadi tamuku selama empat puluh hari.”

Si pemuda setuju, Ibrahim membawa pemuda itu ke rumahnya. Dan menjamunya dengan makanan yang diperolehnya dengan memeras keringatnya sendiri. Seketika itu juga kegembiraan si pemuda hilang. Semua semangat dan kegesitannya hilang. Ia tidak dapat lagi hidup tanpa istirahat dan tidur. Ia lalu menangis.

"Apakah yang telah engkau perbuat terhadapku?" tanya pemuda itu kepada Ibrahim.

"Makananmu kau peroleh dari sumber yang tidak halal, setiap saat syetan masuk ke dalam tubuhmu. Tetapi begitu engkau menelan makanan yang halal, maka ketahuanlah bahwa hal-hal menakjubkan yang dapat kau lakukan selama ini adalah pekerjaan syetan!"

Pada suatu hari Ibrahim duduk di tepi sungai Tigris menjahit jubah tuanya. Jarumnya terjatuh ke dalam sungai. Seseorang bertanya kepadanya. "Engkau telah meninggalkan kemewahan kerajaan yang jawa. Tetapi apakah yang engkau peroleh sebagai imbalan?"

Sambil menunjuk ke sungai Ibrahim berkata. "Kembalikanlah jarumku!"[8]

Tiba-tiba seribu ekor ikan mendongakkan kepala ke permukaan air, masing-masing ikan membawa sebuah jarum emas di mulutnya. Kepada ikan-ikan itu Ibrahim berkata:

"Yang akan ku inginkan adalah jarumku sendiri."

Seekor ikan yang kecil dan lemah datang mengantarkan jarum kepunyaan Ibrahim di mulutnya.

"Jarum ini adalah salah satu di antara imbalan-imbalan yang kuperoleh karena meninggalkan kerajaan Balkh. Sedang yang lainnya belum engkau mengerti."

---

[8] Ini adalah jawaban spontanitas Ibrahim yang sama sekali tak pernah silau oleh kemewahan duniawi walaupun kalau dia mau bisa saja hidup bermewah-mewah.

Bab 3

NABI KHIDIR DAN AT-TIRMIDZI

PENDIKIKANNYA

Muhammad bin Ali At-Tirmidzi bersama dua orang pelajar lainnya bertekad akan melakukan pengembaraan untuk menuntuk ilmu. Ketika mereka hendak berangkat, ibunya sangat sedih.

"Wahai buah hati ibu." Sang ibu berkata. "Aku seorang perempuan yang sudah tua dan lemah. Bila ananda pergi tak ada lagi seorang pun yang ibunda punyai di atas dunia ini. Selama ini anandalah tempat ibunya bersandar. Kepada siapakah ananda menitipkan ibunda yang sebatangkara dan lemah ini?"

Kata-kata ini menggoyahkan semangat Tirmidzi, ia membatalkan niatnya. Sementara kedua sahabatnya tetap berangkat mengembara mencari ilmu. Suatu hari Tirmidzi duduk di sebuah permakaman meratapi nasibnya.:

"Di sinilah aku! Tiada seorang pun yang peduli kepadaku yang bodoh ini! Sedang kedua sahabatku itu nanti akan kembali sebagai orang-orang terpelajar yang berpendidikan sempurna."

Tiba-tiba muncul seorang tua dengan wajah yang berseri-seri. Ia menegur Tirmidzi:

"Nak mengapakah engkau menangis?"

Tirmidzi menceritakan segala keluh kesahnya.

"Maukah engkau menerima pelajaran dari saya setiap hari sehingga engkau dapat melampaui kedua sahabatmu itu dalam waktu yang singkat?" orang itu bertanya kepada Tirmidzi.

"Aku bersedia," jawab TIrmidzi.

Maka setiap hari orang tua itu memberikan pelajaran kepada Tirmidzi. Setelah tiga tahun berlalu, barulah Tirmidzi menyadari bahwa sesungguhnya orang itu adalah Nabi Khidir dan Tirmidzi memperoleh keberuntungan yang seperti itu karena telah berbakti kepada ibunya.

Setiap hari Minggu (Abu Bakr Al-Warraq mengisahkan) Khidir mengunjungi Tirmidzi dan kemudian mereka memperbincangkan berbagai persoalan. Pada suatu hari Tirmidzi berkata kepadaku: "Hari ini engkau hendak kuajak pergi ke suatu tempat."

"Terserah kepada guru." Jawabku.

Kami pun berangkat. Tatkala kami sampai di sebuah padang pasir aku melihat sebuah singgasana kencana di bawah naungan sebatang pohon yang rindang di pinggir sebuah telaga. Pada singgasana itu duduk seseorang berpakaian indah. Syeikh Tirmidzi menghapirinya, orang itu berdiri dan mempersilahkan Syeikh Tirmidzi duduk diatas singgasana itu. Kemudian orang-orang berdatangan dari segala penjuru dan berkumpul di tempat itu. Semuanya berjumlah empat puluh orang. Kemudian mereka memberi isyarat ke atas. Seketika itu juga tersajilah berbagai hidangan dan mereka pun makan. Syeikh mengajukan pertanyaan-pertanyaan dan orang itu memberi jawaban. Tetapi bahasa yang mereka gunakan sama sekali tidak dapat kupahami. Beberapa lama kemudian Syeikh Tirmidzi memohom diri dan meninggalkan tempat itu.

"Mari kita pergi," ajak Syeikh Tirmidzi kepadaku. "Engkau telah diberkahi."

Sebentar saja kami telah berada kembali di Tirmidzi. Aku bertanya kepada Syeikh Tirmidzi:

"Apakah artinya semua kemudian tadi? Tempat apakah itu dan siapakah orang itu?"

"Itulah lembah pemukiman Putera-Putera Israil," jawab Tirmidzi. "Dan orang tadi adalah Paul."

"Bagaimana kita dapat pulang pergi dalam waktu sesingkat itu?" tanyaku.

"Abu Bakr," jawab Tirmidzi. "Jika Dia mengantarkan maka sampailah kita. Apakah gunanya kita bertanya mengapa dan bagaimana, yang perlu engkau sampai ketujuan bukan untuk bertanya-tanya."

Kemudian Tirmidzi bertutur: Betapapun besar perjuanganku untuk menundukkan hawa nafsu namun aku tidak berhasil. Didalam keputusasaan aku berkata: "Mungkin Allah telah menciptakan diriku ini untuk disiksa di dalam neraka. Mengapakah diri yang terkutuk ini harus kupelihara lagi?" Maka aku pergi ke pinggir Sungai Oxus. Kepada seseorang yang berada di situ aku minta tolong untuk mengikat kaki dan tanganku, dan setelah itu ia pun pergi meninggalkanku seorang diri. Aku berguling-guling dan jatuh ke dalam air. Aku ingin mati terbenam! Tetapi ketika terbentur permukaan air, ikatan ditanganku terlepas dan sebuah gulungan ombak menghempaskan tubuhku ke pinggir. Dengan putus asa aku berseru:

"Ya Allah, Maha Besar Engkau yang menciptakan seseorang yang tak pantas diterima baik si surga maupun di neraka!" Berkat seruanku di dalam keputusasaan itu terbukalah mata hatiku dan terlihatlah olehku segala sesuatu yang harus kulakukan. Pada saat itu juga terbebaslah aku dari hawa nafsuku. Selama hayatku, aku bersyukur terhadap saat-saat kebebasan itu.

Abu Bakr al-Warraq juga mengisahkan sebagai berikut ini.

Pada suatu hari Tirmidzi menyerahkan buku-bukunya kepada ku untuk dibuang ke sungai Oxus. Ketika kuperiksa ternyata buku-buku itu penuh dengan seluk-beluk dan kebenaran-kebenaran mistik. Aku tak tega melaksanakan perintah Tirmidzi itu dan buku-buku tersebut kusimpan di dalam kamarku. Kemudian aku katakan kepadanya bahwa buku-buku itu telah kulemparkan ke dalam sungai. Tetapi Tirmidzi bertanya kepadaku: "Apakah yang engkau saksikan setelah itu?"

"Tidak sesuatu pun," jawabku.

"Kalau begitu, engkau belum membuang buku-buku itu ke dalam sungai. Pergilah dan buanglah buku-buku itu!" perintah Tirmidzi.

"Ada dua persoalan," aku berkata di dalam hati. "Yang pertama, mengapa ia ingin membuang buku-buku itu de dalam sungai? Yang kedua, apakah yang akan kusaksikan nanti setelah mencampakkan buku-buku ini ke dalam air?"

Aku terus berjalan menuju Sungai Oxus dan melemparkan buku-buku itu. Tetapi seketika itu juga air sungai terbelah dan terlihatlah olehku sebuah peti yang terbuka tutupnya. Buku-buku itu jatuh ke dalam peti itu, kemudian tutup peti tersebut mengatup dan air sungai bersatu kembali. Aku terheran-hearn menyaksikan kejadian ini.

Ketika aku kembali, Tirmidzi bertanya: "Sudahkah engkau lemparkan buku-buku itu?"

Aku menyahut: "Guru demi keagungan Allah, katakanlah kepadaku, apakah rahasia di balik semua ini?"

Tirmidzi menjelaskan: "Aku telah menulis buku-buku

mengenai ilmu sufi dengan keterangan-keterangan yang sulit untuk dipahami oleh manusia-manusia baisa.

Saudaraku Khidir meminta buku-buku itu. Peti yang engkau lihat tadi telah dibawa oleh seokor ikan atas permintaan Khidir, sedang Allah Yang Mahabesar memerintahkan kepada air untuk mengantarkan peti itu kedapanya."

HATINYA PENUH BELAS KASIH

Pada saat itu ada seorang pertapa besar yang selalu mengecam Tirmidzi. Padahal di atas dunia ini, kecuali sebuah pondok, tidak sesuatu pun yang dimiliki Tirmidzi. Ketika Tirmidzi pulang hari Hijaz, ternyata seekor induk anjing telah masuk ke dalam pondoknya yang tak berdaun pintu itu dan melahirkan anaknya di situ. Tirmidzi tak mau mengusir anjing itu. Depalan puluh kali ia pergi kepondoknya, dan berharap agar si anjing telah pergi meninggalkan pondok itu membawa anak-anaknya.

Pada malam harinya si pertapa bermimpi bertemu dengan Nabi. Di dalam mimpi itu Nabi berkata kepadanya:

"Engkau menentang seorang manusia yang telah delapan puluh kali memberikan pertolongan kepada seekor anjing. Jika engkau menginginkan kebahagiaan yang abadi, kencangkanlah ikat pinggangmu dan berbaktilah kepadanya."

Si pertapa yang sebelumnya enggan membalas salam Tirmidzi, sejak saat itu hingga matinya mengabdi kepadanya.

JIKA SANG GURU MARAH

"Apabila guru marah kepada kalian, apakah kalian tahu?" seseorang bertanya kepada keluarga Tirmidzi.

"Ya, kami tahu," mereka menjawab, "Setiap kali ia marah kepada kami, maka ia bersikap lebih ramah daripada biasanya.

Kemudian ia tidak mau makan dan minum. Ia menangis dan bermohon kepada Allah: "Ya Allah, apakah perbuatanku yang menimbulkan murka-Mu sehingga Engkau membuat keluargaku sendiri menentangku? Ya Allah, aku mohon ampun-Mu! Tunjukkanlah mereka jalan yang benar! Apabila ia bersifat seperti demikian, tahulah kami bahwa ia sedang marah. Dan segeralah kami bertaubat agar ia terlepas dari dukacitanya itu."

SIASAT IBLIS

Kisah berikut ini diduga berasal dari Tirmidzi: Setelah Adam dan Hawa berkumpul kembali dan taubat mereka diterima Allah, pada suatu hari Adam meninggalkan Hawa seorang diri karena sesuatu keperluan. Maka datanglah Iblis berserta anaknya yang bernama Khannas kepada Hawa.

"Aku harus pergi untuk melakukan sesuatu hal yang penting," si Iblis berkata kepada Hawa. "Tolonglah jaga anakku hingga aku kembali nanti."

Hawa menerima anak itu dan si Iblis pun pergi.

"Dia adalah anak Iblis yang dititipkannya kepadaku," jawab Hawa

"Mengapa engkau sudi menolongnya!" Adam mencela Hawa. Dengan sangat marah anak Iblis itu dibunuhnya, dicincangnya dan setiap cincangan itu digantungkannya pada dahan. Setelah itu pergilah Adam. Tidak lama kemudian Iblis datang.

"Dimanakan anakku?" Iblis bertanya kepada Hawa.

Hawa menerangkan segala sesuatu yang telah terjadi.

"Adam mencincang-cincang tubuh anakmu dan setiap

potongan anakmu itu digantungkannya pada dahan pohon."

Si Iblis menyerukan nama anaknya. Potongan-potongan tubuh anaknya berkumpul dan ia pun hidup kembali. Kemudian berlari menyambut ayahnya.

"Jagalah dia," si Iblis memohon kepada Hawa, "Karena ada urusan lain yang harus kulakukan."

Mula-mula Hawa menolak tetapi si Iblis bermohon sedemikian gigihnya sehingga akhirnya ia menyerah. Setelah itu pergilah si Iblis meninggalkan tempat itu. Ketika Adam pulang terlihatlah olehnya anak Iblis itu.

"Apakah artinya semua ini?" tanya Adam.

Hawa mengisahkan yang telah terjadi. Adam memukuli Hawa habis-habisan.

"Aku tak tahu apakah rahasia di balik semua ini," Adam menghardik. "Sehingga engkau tidak mematuhi aku tetapi mematuhi seteru Allah dan terpedaya oleh bujukannya."

Anak itu dibunuhnya dan mayatnya dibakarnya, kemudian sebagian abunya dibuangnya ke dalam air. Sedang sebagiannya lagi dibuangnya ke udara dan diterbangkan angin. Setelah itu Adam pergi. Si Iblis datang pula menanyakan anaknya. Hawa menceritakan yang telah dilakukan Adam kepada anaknya. Si Iblis berteriak memanggil anaknya. Abu-abu mayat anaknya yang dibakar tadi berkumpul, kemudian si anak hidup kembali dan bersimpuh di depan ayahnya. Sekali Iblis memohon pertolongan tetapi ditolak oleh Hawa.

"Pastilah aku dibunuh Adam nanti." Jawabnya.

Iblis membujuk dengan berbagai sumpah sehingga akhirnya Hawa sekali lagi menyerah. Si Iblis pun pergi. Adam kembali dan didapatinya Hawa bersama anak itu lagi.

"Allah-lah yang mengetahui apa yang bakal terjadi sekarang ini," Adam menghardik penuh amarah. "Engkau menuruti kata-katanya dan tak memperdulikan kata-kataku."

Khannas disembelihnya dan dimasaknya. Separuh dari tubuh Khannas dimakannya sendiri dan separuhnya lagi diberikan kepada Hawa. (Orang-orang mengatakan sesudah tindakan Adam yang terachir ini, Iblis masih dapat menghidupkan dan membawa Khannas dalam rupa seekor domba). Kemudian si Iblis datang pula menanyakan anaknya dan Hawa menceritakan apa yang telah terjadi:

"Anakmu dimasak Adam, separuh tubuhnya aku makan dan separuhnya lagi dimakan oleh Adam."

"Inilah yang selama ini kuinginkan," si Iblis berseru kegirangan. "Aku ingin menyusup ke dalam tubuh Adam. Kini, setelah dadanya menjadi tempat kediamanku, tercapailah sudah keinginanku itu."

PENYASALAN MASA LAMPAU

Ketika Tirmidzi masih remaja, ada seorang wanita jelita minta dilamar olehnya. Tetapi Tirmidzi menolaknya. Pada suatu hari, setelah mengetahui bahwa Tirmidzi sedang berada di dalam taman, si wanita segera berdandan dan pergi pula ke sana. Tetapi begitu melihat kedatangannya, Syeikh Tirmidzi segera mengambil langkah seribu. Si wanita mengejar dan berteriak-teriak bahwa Tirmidzi telah mencoba hendak membunuhnya. Tirmidzi tidak peduli, dipanjatnya sebuah pagar yang tinggi dan melompat ke seberang.

Pada suatu hari di masa tuanya, ketika sedang mengkaji

perbuatan-perbuatan yang telah dilakukannya dan apa-apa yang telah diucapkannya, teringatlah ia kepada kejadian itu. Terpikirlah oleh Tirmidzi: "Apakah salahnya jika dahulu aku penuhi kebutuhan wanita itu? Bukankah pada waktu itu aku masih remaja dan oleh karena itu masih sempat bertaubat?" ketika menyadari pikiran seperti itu Tirmidzi sangat menyesal.

"Wahai diriku yang keji dan pelawan!" ia berkata, "Empat puluh tahun yang lalu ketika engkau masih remaja dengan semangat yang bergejolak, engkau tidak pernah berpikir seperti ini. Tetapi dimasa tuamu ini, setelah sedemikian banyak perjuangan yang engkau menangkan, mengapakah engkau menyesal karena tidak jadi melakukan sebuah dosa?

Tirmidzi sangat sedih. Tiga hari lamanya ia menyesali pikiran itu. Setelah itu di dalam mimpi ia bertemu dengan Nabi yang berkata kepadanya:

"Muhammad, janganlah engkau bersedih hati. Yang telah terjadi ini bukanlah karena kesalahanmu. Hal itu karena engkau pikirkan empat puluh tahun berlalu sejak kematianku. Waktuku untuk meninggalkan dunia ini telah tertunda sedimikian lamanya, dan aku semakin jauh. Hal itu terjadi bukanlah karena dosamu, dan bukan karena engkau kurang memperolah kemajuan spiritual. Yang engkau alami itu adalah karena waktuku untuk meninggalkan dunia ini tertunda, bukan karena keaiban di dalam dirimu."

Bab 4

NABI KHIDIR DAN BAKHTIAR BABA

Pada suatu malam seorang Raja bengis di Turkestan sedang mendengarkan kisah-kisah yang disampaikan oleh seorang Darwis. Tiba-tiba sang Raja bertanya tentang Nabi Khidir.

"Khidir," kata Darwis itu, "Datang kalau diperlukan. Tangkaplah jubahnya kalau ia muncul, dan segala pengetahuan akan menjadi milik Baginda."

"Apakah itu bisa terjadi atas siapapun?"

"Ya, siapapun bisa," kata Darwis itu.

"Siapa pula lebih bisa dariku?" pikir Sang Raja.

Sang Raja kemudian mengedarkan pengumuman:

"Siapa yang bisa menghadirkan Khidir Yang Ghaib di hadapanku, akan kujadikan orang kaya."

Al-kisah, seorang lelaki miskin dan tua bernama Bakhtiar Baba mendengar pengumuman itu. Ia menyusun akal lalu berkata kepada isterinya:

"Aku punya rencana. Kita akan segera kaya, tetapi beberapa lama kamudian aku harus mati. Namun tak apalah, sebab kekayaan kita bisa menghidupimu seterusnya."

Kemudian Bakhtiar menghadap raja dan mengatakan bahwa ia akan mencari Khidir dalam waktu empat puluh hari. Syaratnya raja harus memberinya seribu keeping uang emas.

"Kalau engkau bisa menemukan Khidir," kata sang Raja.

"Kau akan mendapat sepuluh kali seribu keeping uang emas ini. Kalau gagal kau akan mati dipancung di tempat ini sebagai peringatan kepada siapapun yang akan mencoba mempermainkan rajanya."

Bakhtiar menerima syarat itu. Ia pulang dan memberikan uang itu kepada isterinya sebagai jaminan hari tuanya. Sisa hidupnya yang tinggal empat puluh hari ini dipergunakan untuk merenung, mempersiapkan diri memasuki kehidupan alam barzah.

Pada hari keempat puluh ia menghadap raja.

"Yang mulia," katanya, "Kerakusanmu telah menyebabkanmu berpikir bahwa uang akan bisa mendatangkan Khidir. Tetapi Khidir, kata orang, tidak akan muncul oleh panggilan yang berdasarkan kerakusan."

San Raja sangat marah. "Orang celaka, kau telah mengorbankan nyawamu: Siapa pula kau ini, berani-beraninya mencampuri keinginan seorang raja?"

Dengan tenang Bakhtiar berkata, "Menurut dongeng, semua orang bisa bertemu Khidir. Tetapi pertemuan itu hanya akan ada manfaatnya apabila maksud orang itu benar. Mereka bilang, Khidir akan menemui orang selama ia bisa memanfaatkan saat kunjungan itu. Itulah hal yang kita tidak menguasainya."

"Cukup bualanmu itu!" hardik Sang Raja. "Sebab tak akan memperpanjang hidupmu. Waktumu habis! Kau hanya tinggal menungguku untuk minta nasehat para menteriku tentang cara paling tepat guna menghukummu."

Sang Raja menoleh pada Menteri Pertama dan berkata, "Bagaimana cara orang ini mati?"

Menteri pertama menjawab, "Panggang dia hidup-hidup, sebagai peringatan."

Menteri kedua berkata, "Potong-potong tubuhnya, pisah-pisahkan anggota tubuhnya."

Menteri ketiga berkata, "Sediakan kebutuhan hidup orang ini, agar ia tidak lagi menipu demi kelangsungan hidup keluarganya."

Sementara pembicaran itu berlangsung, seorang bijaksana yang sudah sangat tua memasuki ruangan itu. Segera orang mengajukan pendapat sesuai dengan prasangka yang tersembunyi dalam dirinya.

"Orang tua apa maksud kedatanganmu?" tanya Raja.

"Saya hanya ingin mengulas nasehat para menteri ini." Kata orang tua itu.

"Apa maksudmu!" kata Sang Raja.

"Maksudku, Menteri Pertama ini aslinya Tukang Roti, jadi ia berbicara tentang panggang-memanggang. Menteri kedua dulu Tukang Daging, jadi ia tentang potong-memotong daging. Menteri ketiga, yang telah mempelajari Ilmu Kenegaraan, melihat sumber masalah yang kita bicarakan ini.

Catat dua hal ini. Pertama, Khidir muncul melayani setiap orang sesuai dengan kemampuan orang itu untuk memanfaatkan kedatanganya. Kedua, bakhtiar, orang ini yang kuberi nama Baba karena pengorbanannya telah didesak oleh keputusasaan untuk melakukan tindakan tersebut. Keperluannya semakin mendesak sehingga akupun muncul di depanmu."

Semua orang terkejut mendengar perkataan orang tua itu. Ketika orang-orang itu memperhatikannya dengan seksama, maka orang tua bijaksana itu telah lenyap begitu saja.

Raja sangat menyesal karena tidak sempat memanfaatkan saat

pertemuan itu, karena orang itu tak lain adalah Nabi Khidir.

Sesuai dengan yang diperintakhan Naby Khidir, Raja memberikan belanja teratur kepada Bakhtiar. Menteri Pertama dan Kedua dipecat dan seribu keping uang emas itu dikembalikan ke kas kerajaan oleh Bakhtiar dan isterinya.

Bab 5

RAHASIA NABI KHIDIR BERUMUR PANJANG

Pasa saat Iskandar Zulkarnaen berjalan mengelilingi bumi di tahun 322 S.M. Allah mewakilkan seorang malaikat bernama Rofa'il untuk mendampinginya.

Di tengah perjalanan mereka berbincang-bincang.

"Wakai Malaikat Rofa'il ceritakanlah kepadaku tentang ibadah para malaikat di langit!" pinta Raja Zulkarnaen.

Malaikat Rofa'il berkata, "Ibadah para malaikat di langit, di antaranya ada yang berdiri tidak mengangkat kepala selama-lamanya, ada yang sujud tidak mengangkat kepala selama-lamanya, ada pula yang ruku' tidak mengangkat kepala selama-lamanya."

Raja berkata: "Alangkah senangnya seandainya aku hidup bertahun-tahun dalam beribadah kepada Allah."

Lalu malaikat Rofa'il berkata, "Sesungguhnya Allah telah menciptakan sumber air di bumi. Namanya Ainul Hayat. Artinya sumber air hidup. Maka barangsiapa yang meminum airnya seteguk, maka ia tidak akan mati sampai hari kiamat atau ia memohon kepada Allah supaya dimatikan."

Raja bertanya: "Apakah engkau tahu tempat Ainul Hayat itu."

Malaikat Rofa'il menjawab, "Ainul Hayat itu berada di bumi yang gelap."

Setelah raja mendengar keterangan Malaikat Rofa'il tentang Ainul Hayat. Maka raja mengumpulkan Alim Ulama' pada jaman itu. Dan raja bertanya tentang Ainul Hayat itu, tetapi mereka menjawab. "Kita tidak tahu kabarnya."

Namun seorang alim di antara mereka menjawab, "Sesungguhnya aku pernah membaca didalam wasiat Nabi Adam As, beliau berkata bahwa sesungguhnya Allah meletakkan Ainul Hayat itu di bumi yang gelap."

"Di manakah bumi yang gelap itu?" tanya raja.

"Yaitu di tempat terbitnya matahari." Jawab orang alim ulama.

Kemudian raja bersiap-siap untuk mendatangi tempat itu. Lalu Raja bertanya kapada sahabatnya, "Kuda apa yang sangat tajam penglihatannya di waktu gelap?"

Para sahabat menjawab, "Kuda betina yang masih perawan."

Raja mengumpulkan seribu kuda betina yang masih perawan. Lalu ia memilih di antara enam ribu tentaranya itu orang-orang yang pandai dan ahli mencambuk.

Di antara mereka adalah Nabi Khidir As, bahkan beliau menjabat sebagai perdana menteri.

Kemudian berjalanlah mereka dan Nabi Khidir berjalan di depan pasukannya. Akhirnya mereka ketahui bahwa tempat terbitnya matahari itu adalah tepat pada arah kiblat.

Mereka pun menuju arah tersebut. Perjalanan ke tempat tujuan tersebut memakan waktu dua belas tahun lamanya. Mereka sampai di bumi yang gelap itu. Gelapnya bukan seperti di waktu malam melainkan gelap karena ada pancaran seperti asap.

Raja sudah tak sabar lagi, ia hendak masuk ke tempat gelap itu. Seorang cendekiawan mencegahnya. Para tentara berkata kepada raja, "Wahai Baginda, sesungguhnya raja-raja yang terdahulu tidak ada yang masuk ke tempat gelap ini, karena tempat yang gelap ini berbahaya."

Tapi raja berkata, "Kita harus memasukinya tidak boleh tidak!"

Raja bersikeras hendak masuk, maka tak ada seorangpun yang berani melarangnya. Raja kemudian berkata, "Diamlah, tunggulah kalian di tempat ini selama dua belas tahun. Jika aku bisa datang pada kalian dalam masa dua belas tahun, maka kedatanganku dan menunggu kalian termasuk baik. Dan jika aku tidak datang sampai dua belas tahun, maka pulanglah kembali ke negeri kalian."

Sesudah itu raja bertanya kepada Malaikat Rofa'il, "Apabila kita melewati tempat yang gelap ini, apakah kita dapat melihat kawan-kawan kita?"

"Tidak bisa kelihatan," jawab Malaikat Rofa'il. "Akan tetapi aku memberimu sebuah merjan atau mutiara. Jika merjan itu ke atas bumi, maka mutiara itu dapat menjerit dengan suara yang keras, dengan demikian kawan-kawan kalian yang tersesat jalan dapat kembali kepada kalian."

Demikianlah, Raja Iskandar Zulkarnaen masuk ke tempat yang gelap itu. Selama delapan belas hari tidak pernah melihat matahari dan bulan. Tidak pernah melihat malam dan siang. Tidak pernah melihat burung dan binatang liar, sedangkan raja berjalan dengan didampingi Nabi Khidir As.

Di saat mereka berjalan maka Allah member wahyu kepada Nabi Khidir, "Bahwa sesungguhnya Ainul Hayat itu berada di sebelah kanan jurang dan Ainul Hayat ini Aku khususkan untuk kamu."

Setelah Nabi Khidir menerima wahyu tersebut, beliau berkata kapada sahabat-sahabatnya. "Berhentilah kalian di tempat kalian masing-masing, dan janganlah kalian meninggalkan tempat kalian sebelum aku datang kepaka kalian."

Kemudian Nabi Khidir berjalan menuju kanan jurang, maka akhirnya beliau temukan Ainul Hayat itu. Beliau turun dari kudanya. Beliau melepas pakaiannya dan turun ke Ainul Hayat tersebut. Beliau mandi dan minum sumber aid tersebut. Beliau rasakan airnya lebih manis daripada madu.

Sesudah mandi dan minum air hidup itu beliau kaluar dari tempat itu terus menemui Raja Iskandarnaen. Sedangkan raja tidak mengetahui apa yang telah terjadi atas diri Nabi Khidir.

Menurut riwayat yang lainnya, Raja Iskandarnaen Zulkarnaen keliling di tempat yang gelap itu selama empat puluh hari. Tiba-tiba Nampak oleh raja seberkas sinar seperti kilat. Sesaat oleh raja terlihat bahwa yang dipijak berpasir merah dan terdengar suara gemericik dibawah kaki kuda.

Raja bertanya kepaka Malaikat Rofa'il, "Suara apakah yang gemercik di bawah kaki kuda ini?"

Malaikat Rofa'il menjawab, "Gemercik ini adalah suara benda apabila seseorang mengambilnya pasti ia akan menyesal dan apabila ia tidak mengambilnya niscaya ia akan menyesal juga."

Kemudian di antara pasukan ada yang mengambil dan membawanya namun hanya sedikit. Setelah mereka keluar dari tempat yang gelap itu, mereka kaget setengah mati, ternyata benda itu adalah permata yakut yang berwarna merah dan jamrut yang berwarna hijau. Maka menyesallah pasukan yang mengambil itu karena hanya mengambil sedikit. Lebih-lebih mereka yang tidak mengambil, pasti lebih menyesal lagi.

Bab 6

SUFI WANITA YANG CEMERLANG

MASA PENCARIAN

Tokoh sufi wanita yang sangat terkenal diseluruh dunia karena kesuciannya ini adalah Rabi'ah binti Ismail Al Adawiyah. Ia berasal dari keluarga miskin. Sejak kecil tinggal di kota Bashrah. Dia sangat dihormati oleh orang-orang shaleh yang hidup pada masa itu. Seumur hidupnya ia tidak pernah menikah. Jiwa raganya hati untuk Yang dicintainya yaitu Allah.

Pada malam Rabi'ah dilahirkan ke dunia, tidak ada sesuatu barang berharga yang dapat ditemukan di dalam rumah orang tuanya, karena ayahnya adalah seorang yang sangat miskin. Si ayah bahkan tidak mempunyai minyak setetes pun untuk memoles pusar puterinya itu.

Mereka tidak mempunyai lampu dan tidak mempunyai kain untuk menyelimuti Rabi'ah. Si ayah telah memperoleh tiga orang puteri dan Rabi'ah adalah puterinya yang keempat. Itulah sebabnya ia dinamakan Rabi'ah.

"Pergilah kepada tetangga kita si Fulan dan mintalah sedikit minyak sehingga aku dapat menyalakan lampu." Istrinya berkata kepadanya.

Tetapi si suami telah bersumpah bahwa ia tidak akan meminta sesuatu apapun dari manusia lain. Maka pergilah ia, pura-pura menyentuhkan tangannya ke pintu tetangganya lalu kembali lagi ke rumahnya.

"Mereka tidak mau membukakan pintu," si suami melaporkan kepada istrinya sesampainya di rumah.

Istrinya yang malang menangis sedih. Dalam keadaan yang serba memprihatikan itu si suami hanya dapat menekurkan kepala ke atas lutut dan terlena. Di dalam tidurnya ia bermimpi melihat Nabi.

Nabi membujuknya, "Janganlah engkau bersedih, karena bayi perempuan yang baru dilahirkan itu adalah ratu kaum wanita dan akan menjadi penengah bagi 70 ribu orang di antara kaumku."

Kemudian Nabi meneruskan, "Besok pergilah engkau menghadap Isa az-Zadan, Gubernur Bashrah. Di atas sehelai kertas, tuliskan kata-kata berikut ini: Setiap malam engkau mengirimkan shalawat seratus kali kepadaku, dan setiap malam Jum'at empat ratus kali. Kemarin adalah malam Jum'at dan engkau lupa melakukannya. Sebagai penebus kelalaianmu itu berikanlah kepada orang ini empat ratus dinar yang telah engkau peroleh secara halal."

Ketika terjaga dari tidurnya, ayah Rabi'ah mengucurkan air mata. Ia bangkit dan menuliskan surat seperti yang dipesankan oleh Nabi kepadanya dan mengirimkannya kepada Gubernur melalui pengurus rumah tangga istana.

"Berikan dua ribu dinar kepada orang-orang miskin," Gubernur memberikan perintah setelah membaca surat tersubut. "Sebagai tanda syukur kepada Nabi yang masih mengingatku. Kemudian berikan empat ratus dinar kepada si Syaikh (ayah Rabi'ah) dan katakan kepadanya: Aku harap engkau datang kepadaku sehingga aku dapat melihat wajahmu. Namun tidaklah pantas bagi seorang seperti engkau untuk datang menghadapku.

Lebih baik seandainya akulah yang datang dan menyeka pintu rumahmu dengan janggutku ini. Walaupun demikian, demi Allah, aku bermohom kepadamu, apapun yang engkau butuhkan katakanlah padaku."

Ayah Rabi'ah menerima uang emas tersebus dan membeli sesuatu yang dianggap perlu.

Ketika Rabi'ah menanjak besar, sedang ayah bundanya telah meninggal dunia, bencana kelaparan melanda kota Bashrah. Ia terpisah dari kakak-kakak perempuannya. Suatu hari ketika Rabi'ah keluar rumah, ia terlihat oleh seorang penjahat yang segera menangkapnya kemudian menjualnya dengan harga enam dirham. Orang yang membeli dirinya menyuruh Rabi'ah mengerjakan pekerjaan pekerjaan berat.

Pada suatu hari ketika ia berjalan-jalan, seseorang yang tak dikenal datang menghampirinya. Rabi'ah melarikan diri, tiba-tiba ia jatuh tergelincir sehingga tangannya terkilir.

Ia menangis sambil mengantuk-antukkan kepalanya ke tanah "Ya Allah, aku adalah orang asing di negeri ini, tidak mempunyai ayah bunda, seorang tawanan yang tak berdaya, sedang tanganku cedera. Namun semua itu tidak membuatku bersedih hati. Satu-satunya yang kuharapkan adalah memenuhi kehendak-Mu dan mengetahui apakah Engkau berkenan atau tidak."

"Rabi'ah, janganlah Engkau berduka," sebuah suara berkata kepadanya. "Esok lusa engkau akan dimuliakan sehinga malaikat-malaikat iri kepadamu."

Rabi'ah kembali ke rumah majikannya. Di siang hari ia berpuasa dan mengabdi kepada Allah, sedang di malam hari ia berdo'a kepada Allah sambil terus berdiri sepanjang malam.

Pada suatu malam majikannya terjaga dari tidur, dan lewat

jendela terlihat olehnya Rabi'ah sedang bersujud dan berdo'a kepada Allah.

"Ya Allah, Engkau tahu bahwa hasrat hatiku hanyalah untuk dapat mematuhi perintah-Mu, dan mengabdi kepada-Mu. Jika aku dapat mengubah nasib diriku ini, niscaya aku tidak akan beristirahat barang sebentar pun dari mengabdi kepada-Mu. Tetapi Engkau telah menyerahkan diriku ke bawah kekuasaan seorang hamba-Mu." Demikianlah kata-kata yang terucap dalam do'a Rabiah.

Sepasang mata si majikan terbelalak lebar, bukan hanya karena mendengar do'a Rabi'ah. Tapi karena ia melihat suatu keajaiban. Sebuah lentera/lampu ranpa rantai tergantung di atas kepala Rabi'ah sementara cahaya lentera itu menerangi seluruh rumah. Menyaksikan hal ini si majikan merasa takut. Ia segera beranjak ke kamar tidurnya dari duduk merenung hingga fajar tiba. Ketika hari telah terang ia memanggil Rabi'ah, bersikat lembut kepadanya kemudian membebaskannya.

Rabi'ah berkata, "Izinkanlah aku pergi."

Majikannya memberi izin. Rabi'ah lalu berangkat ke padang pasir. Menempuh perjalanan jauh manuju tempat sepi untuk berkhalwat mengabdi dan mendekatkan diri kepada Allah dengan tekun melaksanakan ibadah. Beberapa lama kemudian ia berniat hendak menunaikan ibadah haji. Maka berangkatlah ia menempuh padang pasir kambali. Barang perbekalannya di buntal di atas punggung keledai. Ia berangkat bersama rombongan. Tetapi begitu sampai di tengah-tengah padang pasir keledai itu mati.

"Biarlah kami yang membawa barang-barangmu," kata lelaki di dalam rombongan itu menawarkan jasa mereka.

"Tidak, teruskanlah perjalanan kalian," kata Rabi'ah. "Bukan tujuanku untuk menjadi beban kalian."

Rombongan itu meneruskan perjalanan dan meninggalkan Rabi'ah seorang diri.

"Ya Allah," Rabi'ah berseru sambil menengadahkan kepala. "Beginikah caranya raja-raja memperlakukan seorang wanita yang tak berdaya di tempat yang masih asing baginya? Engkau telah memanggilku ke rumah-Mu, tetapi di tengah perjalanan Engkau membunuh keledaiku dan meninggalkanku sebatangkara di tengah-tengah padang pasir ini."

Belum lagi Rabi'ah selesai mengucapkan kata-kata ini, tanpa diduga keledai itu bergerak berdiri. Rabi'ah meletakkan barang-barang ke atas punggung binatang itu dan melanjutkan perjalanannya.

Beberapa hari lamanya Rabi'ah meneruskan perjalanannya menempuh padang pasir, sebelum ia berhenti ia berseru kepada Allah: "Ya, Allah aku dah letih. Ke arah manakah yang harus kutuju? Aku ini hanyalah segumpal tanah sedang rumah-Mu terbuat dari batu. Ya, Allah aku bermohon kepada-Mu, tunjukkanlah diri-Mu."

Allah berfirman kepada hati sanubari Rabi'ah: "Rabi'ah Engkau sedang berada di atas sumber kehidupan delapan belas ribu dunia. Tidaklah engkau ingat betapa Musa telah bermohon untuk melihat-Ku dan gunung-gunung terpecah-pecah menjadi empat puluh keping. Karena itu merasa cukuplah engkau dengan nama-Ku saja!"

SAHABAT YANG TAK PERNAH LENGAH

Pada suatu malam ketika Rabi'ah sedang shalat di suatu tempat sunyi (pertapaan kaum sufi), ia merasa sangat letih sehingga jatuh tertidur. Demikian nyenyaknya ia tidur sehingga ketika matanya berdarah tertusuk ilalang dari tikar yang ditidurinya, ia sama sekali tidak menyadarinya.

Seorang maling masuk menyelinap ke dalam pertapaan itu, dan mengambil cadar Rabi'ah. Namun ketika ia hendak menyingkir dari tempat itu ia tak menemukan jalan keluar, semua jalan keluar telah tetutup. Lalu dilepaskannya cadar itu dan ditinggalkannya tempat itu, secara aneh tiba-tiba jalan keluar telah terbuka kembali. Maling itu kesenangan segera diambilnya lagi cadar Rabi'ah. Namun begitu ia hendak keluar, lagi-lagi jalan keluar telah tertutup lagi. Sekali lagi dilepaskannya cadar itu. Tujuh kali perbuatan serupa itu dilakukannya. Kemudian terdengarlah olehnya sebuah suara dari pojok pertapaan itu.

"Hai manusia, tiada gunanya engkau mencoba-coba. Sudah bertahun-tahun Rabi'ah mengabdi kepada kami. Syaitan sendiri tidak berani datang menghapirinya. Tetapi betapakah seorang maling memiliki keberanian hendak mencuri cadarnya? Pergilah dari sini hai manusia jahanam! Tiada gunanya engkau mencoba-coba lagi. Jika seorang sahabat sedang tertidur maka Sang Sahabat bangun berjaga-jaga."

JANJI TUHAN PASTI DITEPATI

Dua orang tokoh agama datang mengunjungi Rabi'ah dan keduanya merasa lapar. "Mudah-mudahan Rabi'ah menyuguhkan makanan kepada kita," kata mereka. "Makanan yang disuguhkan pastilah diperoleh secara halal."

Ketika mereka duduk, di hadapan mereka terhampar serbet diatasnya ada dua potong roti. Melihat hal ini mereka sangat gembira. Tetapi pada saat itu juga ada seorang mengemis datang dan Rabi'ah memberikan kedua roti itu kepadanya. Kedua tokoh agama itu sangat kecewa, namun mereka tidak berani berkata apa-

apa. Tak berapa lama kemudian masuklah seorang pelayan wanita membawakan beberapa buah roti yang masih panas.

"Majikanku menyuruhku untuk mengantarkan roti-roti ini kepadamu," kata si pelayan.

Rabi'ah menghitung roti-roti kesemuanya ada delapan belas buah.

"Mungkin roti-roti ini bukan untukku," kata Rabi'ah.

Si pelayan berusaha menyakinkan Rabi'ah namun percuma saja. Akhirnya roti-roti itu dibawanya kembali. Pelayan itu menyalahkan dirinya sendiri. Ia menyangka Rabi'ah tidak mengetahui perbuatannya bahwa ia telah mengambil dua potong roti untuk dirinya sendiri sehingga roti yang berjumlah dua puluh itu tinggal delapan belas. Maka ia segera meminta dua potong roti lagi kepada majikannya dan kembali lagi ke tempat Rabi'ah. Roti-roti itu dihitung oleh Rabi'ah. Ternyata jumlahnya genap dua puluh buah. Barulah Rabi'ah mau menerimanya.

"Roti-roti ini memang telah dikirimkan majikanmu untukku," kata Rabi'ah

Kemudian Rabi'ah menyuguhkan roti-roti tersebut kepada kedua tamunya tadi. Keduanya makan namun masih dalam keadaan terherah-heran.

"Apakah rahasia di balik semua ini?" Mereka bertanya kepada Rabi'ah. "Kami memakan rotimu sendiri tapi engkau malah memberikannya kepada seorang pengemis. Kemudian engkau mengatakan kepada pelayan tadi bahwa kedelapan belas roti itu bukanlah diberikan untukmu, tetapi ketika semuanya berjumlah dua puluh engkau baru menerimanya?"

Rabi'ah menjawab, "Sewaktu kalian datang, aku tahu bahwa kalian sedang lapar. Aku berkata kepada diriku sendiri, betapa aku tega untuk menyuguhkan dua potong roti kepada dua orang pemuka agama yang terhormat? Itulah sebabnya mengapa ketika si pengemis itu datang aku segera memberikan dua potong roti itu kepadanya dan aku berkata kepada Allah Yang Maha Besar, Ya Allah, Engkau telah berjanji bahwa Engkau akan memberikan ganjaran sepuluh kali lipat dan janji-Mu itu kupegang teguh. Kini telah kusedekahkan dua potong roti untuk menyenangkan hati-Mu, semoga Engkau berkenan memberikan dua puluh potong roti sebagai imbalannya. Ketika delapan belas roti itu diantarkan kepadaku, tahulah aku bahwa sebagian dari jumlah roti itu telah dicuri atau roti-roti itu bukan untuk disampaikan kepadaku."

SANGAT HATI-HATI

Ia adalah wanita yang wara'. Selalu berhati-hati, tak mau sedikitpun perutnya terisi oleh barang haram. Pada suatu hari pelayan wanita Rabi'ah hendak memasak sup bawang karena telah beberapa lamanya mereka tidak memasak makanan. Ternyata mereka tidak mempunya bawang.

Si pelayan berkata kepada Rabi'ah, "Aku hendak meminta bawang kepada tetangga sebelah."

Tetapi buru-buru mencegah, "Telah empat puluh tahun aku berjanji kepada Allah tidak akan meminta sesuatupun kecuali kepada-Nya. Lupakanlah bawang itu."

Hanya beberapa saat setelah Rabi'ah berkata demikian, seekor burung meluncur di angkasa, membawa bawang yang telah terkupas di paruhnya, lalu menjatuhkannya ke dalam belanga.

Menyaksikan peristiwa ini Rabi'ah berkata, "Aku takut jika semua ini adalah semacam tipu muslihat."

Rabi'ah sama sekali tidak mau menyentuh sup bawang tersebut. Hanya roti sajalah yang dimakannya.

CENDIKIAWAN YANG TOLOL

Seorang cendekia terkemuka di kota Bashrah mengunjungi Rabi'ah yang sedang sakit. Sambil duduk di sisi tempat tidur Rabi'ah, cendekia itu mencaci maki dunia.

Tanpa ragu Rabi'ah berkata kepadanya, "Sesungguhnya engkau sangat mencintai dunia ini. Jika engkau tidak mencintai dunia tentu engkau tidak menyebut-nyebutnya berulangkali seperti ini. Seorang pembelilah yang senantiasa mencela barang-barang yang hendak dibelinya. Jika engkau tidak merasa berkepentingan dengan dunia ini tentulah engkau tidak akan memuji-muji atau memburuk-burukkannya. Engkau menyebut-nyebut dunia ini seperti kita sebuah peribahasa, barangsiapa mencintai sesuatu hal maka ia sering menyebut-nyebutnya.

PENYAYANG BINATANG

Pada suatu hari Rabi'ah berjalan keatas gunung. Segera saja ia dikerumuni oleh kawanan rusa, kambing hutan, ibeks (sebangsa kambing hutan yang bertanduk panjang) dan keledai-keledai liar. Binatang-binatang ini menatap Rabi'ah dan hendak menghampirinya. Tanpa disangka-sangka Hasan Bashri datang pula ke tempat itu. Begitu melihat Rabi'ah, Hasan segera menghampirinya. Tapi begitu melihat kedatangan Hasan sekawanan binatang itu lari tunggang langgang ketakutan meninggalkan Rabi'ah. Hal ini membuat Hasan jadi kecewa.

"Mengapa binatang-binatang itu menghindari diriku, sedang mereka jinak terhadapmu?" Hasan bertanya kepada Rabi'ah.

Rabi'ah balik bertanya, "Apakah yang telah engkau makan

pada hari ini?

"Sub bawang!" jawab Hasan.

"Engkau telah memakan lemak binatang-binatang itu. Tidak mengherankan jika mereka lari ketakutan melihatmu."

TAK SEPANTASNYA

Pada hari yang lain, ketika Rabi'ah lewat di depan Hasan. Saat itu Hasan termenung di jendela. Ia sedang menangis dan air matanya menetes jatuh mengenai pakaian Rabi'ah. Mula-mula Rabi'ah mengira hujan deras, tetapi setelah menengadah ke atas dan melihat Hasan, sadarlah ia bahwa yang jatuh menetes itu adalah air mata Hasan.

"Guru, menangis adalah pertanda dari kelesuan batin," ia berkata kepada Hasan. "Tahanlah air matamu. Jika tidak, di dalam dirimu akan menggelora samudra sehingga engkau tidak dapat mencari dirimu sendiri kecuali pada seorang Raja Yang Mahaperkasa."

Teguran itu tidak enak di telinga Hasan, namun ia tetap menahan diri. Di belakang hari ia bertemu Rabi'ah di tepi sebuah danau. Hasan menghamparkan sajadah di atas air dan berkata kepada Rabi'ah.

"Rabi'ah, marilah kita melakukan shalat sunnat dua rakaat di atas air."

Rabi'ah menjawab, "Hasan, jika engkau mempertontonkan kesaktian-kesaktianmu di tempat ramai ini, maka kesaktian-kesaktian itu haruslah yang tak dimiliki oleh orang-orang lain."

Sesudah berkata demikian Rabi'ah melemparkan sajadahnya ke udara. Kemudian ia melompat ke atasnya dan berkata kepada Hasan: "Naiklah kemari Hasan agar orang-orang dapat menyaksikan kita."

Hasan yang belum mencapai tingkat seperti itu tidak dapat berkata apa-apa. Kemudian Rabi'ah mencoba menghiburnya dan berkata. "Hasan, yang engkau lakukan tadi dapat dilakukan oleh seekor ikan dan yang kulakukan tadi dapat dilakukan oleh seekor lalat. Yang terpenting bukanlah keahlian-keahlian seperti itu. Kita harus mengabdikan diri kepada Hal-hal Yang Terpenting itu."

MELEPAS DUNIA MEMBUANG HASRAT

Rabi'ah berpuasa seminggu penuh. Selama berpuasa itu ia tidak makan dan tidur. Setiap malam ia tekun melaksanakan shalat dan berdo'a. Lapar yang dirasakannya sudah tidak tertahankan lagi. Seorang tamu masuk ke dalam rumah Rabi'ah membawa semangkuk makanan. Rabi'ah menerima makan itu. Kemudian ia pergi mengambil lampu. Ketika ia kembali ternyata seekor kucing telah menumpahkan isi mangkuk itu.

"Aku akan mengambil kendi air dan aku akan berbuka puasa." Rabi'ah berkata.

Ketika ia kembali dengan sekendi air ternyata lampu telah padam. Ia hendak meminum air kendi itu di dalam kegelapan, tetapi kendi itu terlepas dari tangannya dan jatuh, pecah berantakan. Rabi'ah meratap dan mengeluh sedemikian menyayat hati seolah-olah sebagian rumahnya telah dimakan api.

Rabi'ah menangis. "Ya Allah, apakah yang telah Engkau perbuat terhadap hamba-Mu yang tak berdaya lagi ini?

"Berhati-hatilah Rabi'ah," sebuah suara terdengar di telinganya. "Janganlah engkau sampai mengharapkan bahwa Aku akan menganugerahkan semua kenikmatan dunia kepadamu sehingga pengabdianmu kepada-Ku terhapus dari dalam hatimu.

Pengabdian kepada-Ku dan kenikmatan-kenikmatan dunia tidak dapat dipadukan di dalam satu hari. Rabi'ah engkau menginginkan sesuatu hal sedang Aku menginginkan hal yang lain. Hasrat-Ku dan hasratmu tidak dapat dipadukan di dalam satu hari."

Setelah mendengar celaan ini Rabi'ah mengisahkan. "Aku lepaskan hatiku dari dunia dan kubuang segala hasrat dari dalam hatiku sehingga selama tiga puluh tahun yang terakhir ini, apabila melakukan shalat, maka menganggapnya sebagai shalatku yang terakhir."

SENJATA MAKAN TUAN

Beberapa orang mengunjungi Rabi'ah untuk menguji manusia suci ini. Mereka ingin memergoki Rabi'ah mengucapkan kata-kata yang tidak dipikirkannya terlebih dahulu.

"Segala macam kebajikan telah dibagi-bagikan kepada kepala kaum lelaki," mereka berkata. "Mahkota kenabian telah ditaruh dikepala kaum lelaki. Sabuk kebangsawanan telah diikatkan di pinggang kaum lelaki. Tidak ada seorang perempuan pun yang telah diangkat Allah menjadi Nabi."

"Semua itu memang benar," jawab Rabi'ah. "Tetapi kesombongan diri, memuja diri sendiri dan ucapan bukankah aku Tuhanmu Yang Maha Tinggi?[9] Tidak pernah membersit di dalam dada seorang perempuan. Dan tak ada seorangpun yang banci. Semua itu adalah bagian kaum lelaki."

Orang-orang yang bermaksud melecehkan itu sekarang balik merasa sangat malu pada dirinya sendiri.

TETAP TEGUH DI KALA SAKIT

[9] Ini adalah ucapan Raja Fir'aun yang menuhankan dirinya sendiri.

Ketika Rabi'ah menderita sakit yang gawat. Ia ditanya apakah penyebab sakitnya yang dideritanya itu.

"Aku telah menatap surga," kata Rabi'ah. "Dan Allah telah mengkukum diriku."

Kemudian Hasan Bashri datang mengunjungi Rabi'ah.

Hasan mendapatkan salah seorang dari pemuka-pemuka kota Bashrah berdiri di pintu pertapaan Rabi'ah. Ia hendak memberikan sekantong emas kepada Rabi'ah dan ia menangis. Hasan bertanya kepada mereka, "Mengapa engkau menangis?"

"Aku menangis karena wanita suci zaman ini," jawabnya. "Karena, jika kehadirannya tidak ada lagi, celakah ummat manusia. Aku telah membawakan uang sekedar untuk biaya perawatannya. Tetapi aku kuatir kalau-kalau Rabi'ah tidak mau menerimanya. Bujuklah Rabi'ah agar ia mau menerima uang ini."

Maka masuklah Hasan ke dalam pertapaan Rabi'ah dan membujuknya untuk menerima uang itu. Rabi'ah menatap Hasan dan berkata, "Dia telah menafkahi orang-orang yang menghujjah-Nya. Apakah Dia tidak akan menafkahi orang-orang yang mencintai-Nya. Sejak aku mengenalnya aku telah berpaling dari manusia ciptaanNya. Aku tidak tahu apakah kekayaan orang itu halal atau tidak, maka betapakah aku dapat menerima pemberiannya? Pernah aku menjahit pakaian yang robek dengan diterangi lampu dunia. Berapa saat hatiku lengah tetapi akhirnya akupun sadar. Pakaian itu kurobek kembali pada bagian-bagian yang telah kujahit itu dan hatiku menjadi lega. Mintalah kepadanya agar ia tidak membuatku lengah lagi."

Abdul Wahid Amir dan Sofyan Ats Tsauri mengunjungi Rabi'ah ketika sakit. Tetapi karena keduanya merasa segan mereka tidak berani menegurnya atau menyapa Rabi'ah.

"Engkaulah yang berkata," kata Abdul Wahid kepada Sofyan.

Sofyan kemudian berkata kepada Rabi'ah, " Jika engkau berdo'a Niscaya penderitaanmu ini akan hilang."

Rabi'ah menjawab, "Tidak tahukah engkau siapa yang menghendaki aku menderita seperti ini? Bukankah Allah?"

"Ya," Sofyan membenarkan.

"Betapa mungkin, engkau mengetahui hal ini, menyuruhku untuk memohonkan hal yang bertentangan dengan kehendak-Nya? Bukankah tidak baik apabila kita menentang Sahabat kita sendiri?"

"Apakah yang engkau inginkan Rabi'ah?" Sofyan bertanya pula.

"Sofyan, engkau adalah seorang terpelajar! Tetapi mengapa engkau bertanya pula. Apakah yang aku inginkan? Demi kebesaran Allah," Rabi'ah berkata tandas. "Telah dua belas tahun lamanya aku menginginkan buah korma segar. Engkau tentu tahu bahwa di kota Bashrah buah korma sangat murah harganya, tetapi hingga saat ini aku tidak pernah memakannya. Aku ini hanyalah hamba-Nya dan apakah hal seorang memakannya. Aku ini hanyalah hamba-Nya dan apakah hal seorang hamba untuk menginginkan segala sesuatu. Jika aku menginginkan sesuatu sedang Allah tidak menginginkannya, maka kafirlah aku. Engkau harus menginginkan sesuatu yang diinginkan-Nya semata-mata agar engkau dapat menjadi hamba-Nya yang sejati. Tetapi lain lagi persoalannya jika Tuhan sendiri memberikannya."

Sofyan terdiam. Kemudian ia berkata kepada Rabi'ah: "Karena aku tak dapat berbicara mengenai dirimu, maka engkaulah yang berbicara mengenai diriku."

"Engkau adalah manusia yang baik kecuali dalam satu hal Engkau mencintai dunia. Engkaupun suka membacakan hadits-hadits." Yang terahir ini dikatakan Rabi'ah dengan maksud bahwa membacakan hadits-hadits tersebut adalah suatu perbuatan mulia."

Sofyan sangat tergugah hatinya dan berseru: "Ya Allah, kasihanilah aku!"

Tetapi Rabi'ah mencela. "Tidak malukah engkau mengharapkan Allah sedangkan engkau sendiri tidak menghasihi-Nya?"

Pada suatu ketika Malik bin Dinar mengunjungi Rabi'ah. Dia menyaksikan Rabi'ah menggunakan gayung pecah untuk minum dan bersuci, sebuah tikar dan sebuah batu bata yang kadang-kadang dipergunakannya sebagai bantal. Menyaksikan semua itu hati Malik bin Dinar menjadi sedih.

"Aku mempunyai teman-teman yang kaya." Kata Malik. "Jika engkau menghendaki sesuatu akan kumintakan kepada mereka."

"Malik, engkau telah melakukan kesalahan yang besar," jawab Rabi'ah. "Bukankah yang menafkahi aku dan yang menafkahi mereka adalah satu."

"Ya," jawab Malik.

"Apakah yang menafkahi orang-orang miskin itu lupa kepada orang-orang miskin karena kemiskinan mereka? Dan apakah Dia ingat kepada orang-orang kaya karena kekayaan mereka?" tanya Rabi'ah.

"Tidak!" jawab Malik.

"Jadi," Rabi'ah meneruskan. "Karena dia mengetahui keadaanku, bagaimana aku harus mengingat-Nya? Beginilah yang dikehendaki-Nya, dan aku menghendaki seperti yang dikehendaki-Nya."

PERGINYA WANITA SUCI

Ketika tiba saatnya Rabi'ah harus meninggalkan dunia ini. Orang-orang yang menungguinya meninggalkan kamarnya dan menutup pintu kamar itu dari luar. Setelah itu mereka mendengar suara yang berkata, "Wahai jiwa yang damai, kembalilah kepada Tuhanmu dengan berbahagia."

Beberapa saat kemudian tak ada lagi suara yang terdengar dari kamar Rabi'ah. Mereka lalu membuka pintu kamar itu dan mendapatkan Rabi'ah telah berlupang ke Rahmatullah.

Setelah Rabi'ah meninggal dunia, ada yang bertemu dengannya dalam sebuah mimpi. Rabi'ah ditanya.

"Rabi'ah, bagaimana engkau menghadapi Munkar dan Nankir?"

Rabi'ah menjawab, "Kedua malaikat itu datang kepadaku dan bertanya: "Siapakah Tuhanmu? Aku menjawab: Pergilah kepada Tuhanmu dan katakan kepada-Nya: Diantara beribu-ribu makhluk yang ada, janganlah Engkau melupakan seorang wanita tua yang lemah. Aku hanya memiliki Engkau di dunia yang luas, tak pernah lupa kepada-Mu, tetapi mengapakah Engkau mengirim utusan sekedar menanyakan siapakah Tuhanmu kepadaku."

DO'A-DO'A WANITA SUCI INI

"Ya Allah, apapun yang akan Engkau karuniakan kepadaku di dunia ini, berikanlah kepadaku musuh-musuh-Mu, dan apapun yang akan Engkau karuniakan kepadaku di akhirat nanti, berikanlah kepada sahabat-sahabat-Mu, karena Engkau sendiri cukuplah bagiku."

"Ya Allah, jika aku menyembah-Mu karena takut kepada neraka, bakarlah aku didalam neraka: dan jida aku menyembah-Mu karena mengharapkan surga, campakkanlah aku dari dalam suraga, tetapi jiga aku menyembah-Mu demi Engkau semata, yanganlah Engkau enggan memperlihatkan keindahan wajah-Mu yang abadi kepadaku."

"Ya Allah, semua jerih payahku dan semua hasratku di antara segala kesenangan-kesenangan dunia ini adalah untuk mengingat Engkau. Dan di akhirat nanti, diantara segala kesenangan akhirat, adalah untuk berjumpa dengan-Mu. Begitulah halnya dengan diriku, seperti yang telah kukatakan. Kini perbuatlah seperti yang Engkau kehendaki."

Bab 6

MALIK BIN DINAR

MENGAPA DIGELARI MALIK SIUANG EMAS?

Malik bin Dinar adalah seorang putera budak berbangsa Persia dari Sijistan dan menjadi murid Hasan Bashri. Ia terhitung sebagai ahli Hadits Shahih dan merawikan Hadits dari tokoh-tokoh kepercayaan di masa lampau seperti Anas bin Malik dan Ibnu Sirin.

Ia juga dikenal sebagai ahli kaligrafi Al-Qur'an yang terkenal. Ia meninggal pada tahun 130 H/748 M.

Ketika Malik dilahirkan ayahnya adalah seorang budak tetapi ia sendiri adalah seorang yang merdeka. Orang-orang mengisahkan pada suatu hari Malik menumpang sebuah perahu. Setelah berada di tengah lautan, awak-awak perahu meminta uang. "Bayarlah ongkos perjalananmu."

"Aku tidak mempunyai uang," jawab Malik.

Awak-awak perahu memukulinya hingga ia pingsan. Ketika Malik siuman para awak perahu memintanya lagi.

"Bayarlah ongkos perjalananmu!"

"Aku tidak mempunyai uang!" jawab Malik dan untuk kedua kalinya ia dipukuli hingga pingsan.

Ketika Malik siuman lagi para awak perahu itu mendesak lagi agar Malik mengeluarkan uang.

"Hai dengar! "Kau harus membayar ongkos perjalananmu!"

"Aku tidak mempunyai uang!"

Pelaut-pelaut itu tak dapat menahan kesabarannya lagi. Dengan geram mereka pegang kedua kaki Malik dan bermaksud melemparkannya ke laut.

Dalam keadaan kritis itu tiba-tiba secara aneh semua ikan di laut mendongkakkan kepala mereka ke permukaan air dan masing-masing membawa dua keping dinar (uang emas) di mulutnya. Malik menjulurkan tangan, dari mulut seekor ikan diambilnya dua keping dinar dan uang itu diberikan kepada awak-awak perahu. Melihat kejadian yang mendebarkan hati itu para awak perahu segera berlutut. Malik tak peduli, dengan tenang ia berjalan di atas air laut meninggalkan perahu. Sejak itulah ia namakan Malik bin Dinar.

TAUBATNYA MALIK

Malik adalah seorang yang sangat tampan, gemar bersenang-senang dan memiliki harta kekayaan, yang berlimpah-limpah. Ia tinggal di Damaskus di mana golongan Mu'awiyah telah membangun sebuah sebuah masjid yang besar dan mewah. Malik ingin sekali diangkat sebagai pengurus masjid tersebut. Pada waktu itu menjadi salah seorang pengurus Ta'mir masjid Damaskus adalah jabatan yang cukup terpandang.

Maka pergilah ia ke masjid itu. Di pojok ruangan masjid dibentangkannya sajadah dan di situlah selama setahun penuh ia melakukan ibadah sambil berharap agar setiap orang yang melihatnya sedang melakukan shalat.

"Alangkah munafiknya engkau ini," ia selalu mencerca dirinya sendiri.

Setahun telah berlalu. Apabila hari telah malam, Malik keluar masjid itu dan pergi ber-senang-senang.

Pada suatu malam. Ketika sedang asyik menikmati music, sementara teman-temannya telah tertidur, tiba-tiba dari kecapi yang sedang dimainkannya terdengar suara: "Hai, Malik mengapakah engkau belum juga bertaubat?" Mendengar kata-kata yang sangat menggentarkan hati ini, Malik segera melemparkan kecapinya dan berlari menuju masjid.

"Selama setahun penuh aku menyembah Allah secara munafik," ia berkata kepada dirinya sendiri. "Bukankah lebih baik jika aku menyembah Allah dengan sepenuh hati? Aku malu. Apakah yang harus kulakukan? Seandainya orang-orang hendak mengangkatku sebagai pengurus masjid, aku tidak akan menerimanya. "Ia bertekad melakukan ibadah dengan khusyu' kepada Allah. Pada malam itulah untuk pertama kalinya ia shalat dengan penuh keihlasan.

Keesokan harinya seperti biasa orang-orang berkumpul didepan masjid.

"Hai, lihatlah dinding masjid telah retak-retak," mereka berseru. "Kita harus mengangkat seorang pengawas untuk memperbaiki masjid ini. Maka mereka bersepakat yang paling tepat menjadi pengawas masjid adalah Malik. Segera mereka mendatangi Malik yang ketika itu sedang shalat. Dengan sabar mereka menunggu Malik menyelesaikan shalatnya. Sementara Malik sendiri karena khusyu'nya ia tak tahu jika beberapa orang sedang menunggunya.

Begitu shalat Malik usai mereka berkata, "Kami datang untuk memintamu agar sudi menerima pengangkatan kami ini."

"Ya Allah," seru Malik karena terkejut. "Setahun penuh aku menyembah-Mu secara munafik dan tak seorangpun yang memandang diriku. Kini setelah kuberikan jiwaku kepada-Mu dan bertekad bahwa aku tidak menginginkan pengangkatan atas diriku, Engkau malah menyuruh dua puluh orang menghadapku untuk mengalungkan tugas tersebut ke leherku. Demi kebesaran-Mu, aku tidak menginginkan pengangkatan atas diriku ini."

Malik berlari meninggalkan masjid itu, kemudian menyibukkan diri beribadah kepada Allah, dan menjalani hidup prihatin serta penuh disiplin. Ia menjadi seorang terhormat dan shalih. Ketika seorang hartawan kota Bashrah meninggal dunia dan ia meninggalkan seorang puteri yang cantik, si puteri mendatangi Tsabit al-Bunani untuk memohon pertolongan.

"Aku ingin menjadi istri Malik," katanya. "Sehingga ia dapat menolongku di dalam mematuhi perintah-perintah Allah."

Keinginan gadis itu disampaikan Tsabit kepada Malik.

"Aku telah menjatuhkan thalaq (cerai) kepada dunia," jawab Malik. "Wanita itu adalah milik dunia yang telah aku cerai, karena itu aku tidak dapat menikahinya."

BERATNYA HIDUP BERPANTANG

Bertahun-tahun Malik berpantang tidak makan makanan yang manis maupun yang asam. Ia hanya makan roti tawar. Setiap malam ia pergi ketukang roti dan membeli dua potong roti untuk membuka puasanya. Kadang-kadang roti yang dibelinya itu masih terasa hangat, dan ini menghibur hatinya dan dianggap sebagai perang sang selera.

Pada suatu hari Malik jatuh sakit dan ia sangat ingin sekali makan daging. Sepuluh hari lamanya keinginan itu dapat ditahannya. Sewaktu ia tak dapat bertahan lebih lama lagi maka pergilah ia ketoko makanan untuk membeli dua tiga potong kaki domba dan menyembunyikan kaki domba tersebut di lengan bajunya. Si pemilik took menyuruh pelayan untuk membuntuti Malik dan menyelidiki apa yang hendak dilakukannya. Tidak berapa lama kemudian si pelayan kembali dengan air mata berlinang.

"Apa yang terjadi?" tanya si majikan.

Pelayan itu memberi laporan, "Dari sini ia pergi ke sebuah tempat yang sepi. Di tempat itu dikeluarkannya tiga potong kaki domba itu, diciumnya dan berkata kepada dirinya sendiri. Lebih dari ini bukanlah hakmu. Kemudian diberikannya roti dan kaki-kaki domba tersebut kepada pengemis. Ia berkata kepada dirinya sendiri." Wahai jasmani yang lemah, jangan kau sangka bahwa aku menyakitimu karena benci kapadamu. Hal ini kulakukan agar pada hari berbangkit nanti, engkau tidak terbakar di dalam api neraka. Bersabarlah beberapa hari lagi, karena pada saat itu godaan ini mungkin telah berhenti dan engkau akan mendapatkan kebahagiaan yang abadi."

Pada suatu ketika Malik berkata, "Aku tidak mengerti apakah maksudnya ucapan: Bila seseorang tidak memakan daging selama empat puluh hari maka kecerdasan akalnya akan berkurang! Aku sendiri tidak pernah makan daging selama dua puluh tahun, tetapi kian lama kecerdasan akalku makin bertambah juga."

Selama empat puluh tahun Malik tinggal di kota Bashrah dan selama itu pula ia tidak pernah memakan buah korma yang segar. Apabila musim korma tiba ia berkata: "Wahai penduduk kota Bashrah, saksikanlah betapa perutku tidak menjadi kempis karena tidak memakan buah korma dan betapa perut kalian tidak gembung karena setiap hari memakan buah korma."

Namun setelah empat puluh tahun lamanya, batinnya diserang kegelisahan. Betapa pun usahanya namun keinginannya untuk memakan buah korma segar tidak dapat ditindasnya lagi. Akhirnya setelah beberapa hari berlalu, keinginan tersebut kian menjadi-jadi walaupun tak pernah diturutinya, dan Malik akhirnya tak berdaya untuk menolak desakan nafsu itu.

"Aku tidak mau memakan buah korma,." Ia terus berusaha melawan keinginannya sendiri. "Lebih baik aku dibunuh atau mati!"

Malam itu terdengarlah suara yang berkata. "Engkau harus memakan beberapa buah korma. Bebaskan jasmanimu dari kungkungan."

Mendengar hal itu, jasmaninya yang merasa memperoleh kesempatan, mulai menjerit-jerit.

"Jika engkau menginginkan buah korma," Malik menyetak. "Berpuasalah terus menerus selama satu minggu dan shalatlah sepanjang malam, setelah itu barulah akan kuberikan buah korma kepadamu."

Ucapan ini membuat jasmaninya senang. Seminggu penuh ia shalat sepanjang malam dan puasa setiap hari. Setelah itu ia pergi ke pasar, membeli beberapa buah korma, kemudian pergi ke masjid untuk memakan buah-buahan itu di sana.

Tetapi dari loteng sebuah rumah seorang bocah berseru: "Ayah! Seorang Yahudi yang dimaksudkan anaknya. "Apa pula yang hendak dilakukan Yahudi itu di dalam masjid?"

Tapi begitu ia melihat Malik bin Dinar yang ada di dalam masjid serta merta ia berlutut.

"Apakah artinya kata-kata yang diucapkan anak itu?" tanya Malik.

"Maafkan ia Guru," si Ayah memohon. "Ia masih anak-anak dan tidak mengerti. Di sekitar ini banyak orang-orang Yahudi.

Kami selalu berpuasa dan anak-anak kami menyaksikan betapa orang-orang Yahudi makan di siang hari. Oleh karena itu mereka berpendapat bahwa setiap orang yang makan di siang hari adalah seorang Yahudi. Apa-apa yang telah diucapkannya adalah karena kebodohannya. Maafkanlah dia."

Mendengar pejelasan tersebut Malik sangat menyesal. Ia menyadari bahwa anak itu didorong Allah untuk mengucapkan kata-kata itu.

"Ya, Allah," seru Malik. "Sebuah korma pun belum sempat kumakan dan Engkau menyebutku Yahudi melalui lidah seorang anak yang tak berdosa. Seandainya korma-korma ini sempat termakan olehku niscaya Engkau akan menyatakan diriku sebagai seorang kafir. Demi kebesaran-Mu aku bersumpah tidak akan memakan buah korma untuk selama-lamanya.

Bab 8

SOFYAN ATS-TSAURI

KEBERANIANNYA TERHADAP PARA PENGUSAHA

Keshalehan Sofyan sudah nampak sejak ia berada di dalam kandungan ibunya. Suatu hari ibunya sedang berada di atas loteng rumah. Si ibu mengambil beberapa asinan yang sedang dijemur tetangganya di atas dan memakannya. Tiba-tiba jabang bayi sofyan yang masih berada di dalam kandungan ibunya itu menyepak sedemikian kerasnya sehingga si ibu mengira ia keguguran.

Nama lengkapnya Abu Abdullah Sofyan bin Sa'id ats Tsauri, lahir di Kufah pada tahun 97 H/715 M. Mula-mula ia belajar pada ayahnya sendiri, kemudian belajar dari orang-orang pandai di masa itu sehingga akhirnya ia mencapai keahlian yang tinggi di bidang Hadits dan Ilmu Tauhid (teologia). Ia pernah menantang pejabat-pejabat pemerintahan sehingga ia terpaksa menyembunyikan diri di kota Mekkah. Ia menjalani pertapaan yang keras sehingga para sufi menyebutnya sebagai seorang manusia suci. Ia meninggal dunia pada tahun 167 H/778 M di kota Bashrah.

Dikisahkan bahwa pengusaha atau Khalifah pada masa itu ketika shalat di depan Sofyan memutar-mutar kumisnya. Ketika selesai sholat Sofyan berseru kepada Khalifah, "Engkah tidak pantas melakukan shalat seperti itu. Di Padang Mahsyar nanti shalatmu akan dilemparkan kemukamu seperti sehelai kain lap yang kotor.

"Berbicaralah yang sopan!" tegur Khalifah.

"Jika aku enggan melakukan tanggung jawabku ini," jawab Sofyan dengan tenang. "Semoga kencingku berubah menjadi darah."

Khalifah sangat marah mendengar kata-kata Sofyan ini. Lalu memerintahkan agar ia dipenjarakan dan di hukum gantung. "Agar tidak ada orang lain yang seberani itu lagi terhadapku." Jelas si Khalifah.

Suatu hari tiang gantungan dipersiapkan. Sofyan masih

tertidur lelap dengan kepala berada dalam dekapan seorang manusia suci dan kakinya di pangkuan Sofyan bin Uyaina. Kedua manusia suci ini mengetahui bahwa tiang gantungan sedang dipersiapkan telah bersepakat: "Janganlah ia sampai mengetahui hal ini." Tetapi ketika itu juga Sofyan terjaga dari tidurnya. "Apakah yang sedang terjadi?"

Kedua manusia suci itu terpaksa menjelaskan walau dengan hati yang sedih sekali.

"Aku tidak sedemikian mencintai kehidupan ini," kata Sofyan. Tetapi seorang manusia harus melakukan kewajibannya selama ia berada di atas dunia ini."

Dengan air mata berlinang-linang Sofyan berdo'a: "Ya Allah sergaplah mereka seketika ini juga!"

Pada saat itu sang Khalifah sedang duduk di atas tahta di kelilingi oleh menteri-menterinya. Tiba-tiba petir menyambar istana dan Khalifah beserta menteri-mentarinya itu di telan bumi.

"Benar-benar sebuah do'a yang diterima dan dikabulkan dengan seketika," seru kedua manusia suci yang menyertai Sofyan.

Seorang Khalifah yang lain naik tahta pula ke atas tahta. Ia percaya kepada keshalehan Sofyan. Si Khalifah mempunyai seorang doker (tabib) yang beragama Kristen. Ia adalah seorang guru besar dan sangat ahli. Ketika Sofyan sakit, Khalifah mengirim dokter ini untuk mengobati Sofyan.

Ketika si dokter memeriksa air kencing Sofyan ia berkata dalam hati. "Inilah seorang manusia yang hatinya telah berubah menjadi darah karena takut kepada Allah. Darah keluar sedikit demi sedikit melalui kantong kemihnya." Kemudian ia menyimpulkan, "Agama yang dianut oleh seorang manusia seperti ini tidak mungkin salah."

Si dokter segera memeluk agama Islam. Mengenai peristiwa ini Khalifah berkata, "Kusangka aku mengirim seorang dokter untuk merawat seorang sakit, kiranya aku mengirim seorang sakit untuk dirawat seorang dokter yang besar."

PENYAYANG SESAMA MAKHLUK

Kisah nyata ini adalah suatu bukti bahwa Sofyan adalah seorang penyayang sesama makhluk Allah.

Pada suatu hari ketika berada di pasar Sofyan melihat seekor burung di dalam sangkar. Si burung mengepak-ngepakkan sayap dan mencicit-cicit dengan sedihnya. Sofyan membeli burung itu lalu melepaskannya.

Setiap malam burung itu datang ke rumah Sofyan, menunggui Sofyan apabila ia sedang shalat dan sesekali hinggap di tubuhnya.

Ketika Sofyan meninggal dunia dan mayatnya diusung ke pemakaman, si burung ikut pula mengantarkannya dan seperti pengantar-pengantar yang lain iapun mencicit-cicit sedih. Ketika mayat Sofyan diturunkan ke dalam tanah, si burung menyerbu masuk ke dalam kuburan itu. Kemudian terdengarlah suara dari dalam kubur itu:

"Allah Yang Maha Besar telah memberi ampunan kepada Sofyan karena menunjukkan belaskasih kapada makluk-makluk-Nya."

Si burung yang dikasihi Sofyan mati pula menyertai Sofyan.

Bab 9

HASAN BASHRI

Hasan bin Abil Hasan al-Bashri lahir di kota Madinah pada tahun 21 H/642 M. Ia adalah putera dari seorang budak yang ditangkap di Maisan, kemudian menjadi klien dari sekretaris Nabi Muhammad, Zain bin Tsabit. Karena dibesarkan di Basyah ia bisa bertemu dengan banyak sahabat Nabi, antara lain seperti yang dikatakan orang dengan tujuh puluh sahabat Nabi yang turut dalam Perang Badar.

Hasan tumbuh manjadi seorang di antara tokoh-tokoh yang paling terkemuka pada zamannya, dan ia termasyhur karena keshalehannya yang teguh. Secara blak-blakan ia menbenci sikap kalangan atas yang berfoya-foya. Di kalangan para sufi ia dimuliakan sebagai salah seorang tokoh-tokoh suci yang terbesar pada masa awal sejarah Islam.

Hasan Bashri meninggal di kota Bashrah pada tahun 110 H/728 M. Ia adalah seorang orator ulung dan banyak ucapan-ucapannya dikutip oleh penulis-penulis bangsa Arab dan banyak pula surat-suratnya yang masih dapat kita saksikan hingga sekarang.

HASAN BASHRI BERTAUBAT

Pada mulanya Hasan Bashri adalah seorang pedagang batu permata dan ia pernah dijuluki Hasan si Pedagang Mutiara. Hasan mempunyai hubungan dagang dengan Bizantium, relasinya cukup banyak terdiri dari berbagai golongan termasuk para jenderal dan menteri Kaisar.

Pada suatu hari ketika ia pergi ke Bizantium, Hasan mengunjungi perdana menteri dan mereka berbincang-bincang beberapa saat.

"Jika engkau suka, kita akan pergi ke suatu tempat." Kata si menteri mengajak Hasan.

"Terserah padamu," jawab Hasan. "Ke manapun aku menurut."

Si menteri memerintahkan agar disediakan seekor kuda untuk Hasan. Tak lama kemudian keduanya berangkat beriringan menuju padang pasir.

Sesampainya di tempat tujuan, Hasan melihat sebuah tenda yang terbuat dari brokat Bizantium, diikat dengan tali sutera dan dipancang dengan tiang emas di atas tanah. Hasan berdiri di kejauhan.

Tak berapa lama kemudian muncullah sepasukan tentara perkasa dengan perlengkapan perang yang sempurna. Mereka lalu mengelilingi tenda itu, menggumamkan beberapa patah kata kemudian pergi.

Setelah itu muncul pula para filosof dan cerdik pandai yang hampir empat ratus orang jumlahnya. Mereka mengelilingi tenda itu dan menggumamkan beberapa patah kata kemudian berlalu dari tempat itu.

Selanjutnya datang lagi tiga ratus orang-orang tua yang arif bijaksana dan berjanggut putih. Mereka menghampiri dan mengelilingi tenda itu lalu menggumamkan beberapa patah kata dan berlalu dari tempat itu.

Akhirnya datang pula lebih dari dua ratus gadis-gadis perawan cantik masing-masing mengusung nampan penuh dengan emas, perak dan batu permata. Mereka mengelilingi tenda itu dan menggumamkan beberapa patah kata kemudian meninggalkannya.

Hasan sangat heran menyaksikan kejadian-kejadian itu dan bertanya pada dirinya sendiri. Apakah arti semuanya itu?

Ketika meninggalkan tempat itu Hasan bertanya kepada si perdana menteri. Si menteri menjawab bahwa dahulu Kaisar mempunyai seorang putera tampan, menguasai berbagai cabang ilmu pengetahuan dan tak terkalahkan dalam arena kegagah perkasaan. Kaisar dan hampir seluruh kerajaan sangat sayang pada puteranya itu. Pada suatu hari tanpa terduga-duga si pangeran jatuh sakit. Semua tabib paling pandai diperintahkan untuk mengobati namun mereka tak mampu menyembuhkannya. Akhirnya putera mahkota itu meninggal dunia dan dikuburkan di naungan tenda tersebut. Setiap tahun orang-orang datang berziarah ke kuburannya.

Sepasukan tentara yang mula-mula mengililingi tenda tersebut berkata, "Wahai putera mahkota, seandainya malapetaka yang menimpa dirimu ini terjadi di medan pertempuran, kami semua akan mengorbankan jiwa raga kami untuk menyelamatkanmu. Tetapi yang malapetaka yang menimpamu ini datang dari **Dia** yang tak sanggup kami perangi dan tak dapat kami tantang." Setelah berucap seperti itu mereka berlalu dari tempat itu.

Kemudian tibalah giliran para filosof dan cerdik pandai. Mereka bertaka, "Malapetaka yang menimpamu ini datang dari **Dia** yang tidak dapat kami lawan dengan ilmu pengetahuan, filsafat dan tipu muslihat. Karena semua filosof di atas bumi ini tidak berdaya menghadapi-Nya dan semua cerdik pandai hanya orang-orang dungu di hadapan-Nya. Jika tidak demikian halnya, kami telah berusaha dengan mengajukan dalih-dalih yang tak dapat dibantah oleh siapapun dialam semesta ini." Setelah berucap demikin para filosof dan cerdik pandai itu berlalu dari tempat tersebut.

Berikutnya orang-orang tua yang mulia tampil seraya berkata, "Wahai putera mahkota, seandainya malapetaka yang menimpa dirimu ini dapat dicegah oleh campur tangan orang-orang tua, niscaya kami telah mencegahnya dengan do'a-do'a kami yang rendah hati ini, dan pastilah kami tidak akan meninggalkan engkau seorang diri di tempat ini. Tetapi malapetaka yang ditimpakan kepadamu datang dari **Dia** yang sedikit pun tak dapat dicegah oleh campur tangan manusia-manusia lemah. Setelah kata-kata ini mereka ucapkan merekapun berlalu dari tempat itu.

Kemudian gadis-gadis cantik dengan nampan-nampan berisi emas dan batu permata datang menghapiri, mengelilingi tenda itu dan berkata, "Wahai putera Kaisar, seandainya malapetaka yang menimpa dirimu ini bisa ditebus dengan kekayaan dan kecantikan, niscaya kami merelakan diri dan harta kami yang banyak ini untuk menembusmu dan tidak kami tinggalkan engkau di tempat ini. Namun malapetaka ini ditimpakan oleh **Dia** yang tak dapat dipengaruhi oleh harta kekayaan dan kecantikan." Setelah kata-kata ini mereka ucapkan, merekapun meninggalkan tempat itu.

Terakhir kali Kaisar beserta perdana menterinya tampil, masuk ke dalam tenda dan berkata. "Wahai biji mata dan pelita hati ayahanda! Wahai buah hati ayahanda! Apakah yang dapat dilakukan oleh ayahanda ini? Ayahanda telah mendatangkan sepasukan tentara yang perkasa, para filosof dan cerdik pandai, para pawang dan penasehat, dara-dara yang cantik jelita, harta benda dan segala sesuatu yang dapat ayahanda lakukan. Tetapi malapetaka ini telah ditimpakan kepadamu oleh **Dia** yang tak dapat dilawan oleh ayahanda beserta segala aparat, pasukan, pengawal, harta benda dan barang-barang berharga ini. Semoga engkau mendapat kesejahteraan, selamat tinggal sampai tahun yang akan datang." Sesudah mengucapkan kata-kata demikian sang Kaisar berlalu dari tempat itu.

Cerita perdana menteri ini sangat menggugah hati Hasan Bashri. Ia tidak dapat melawan dorongan hatinya. Dengan segera ia bersiap-siap untuk kembali ke negerinya. Sesampainya di kota Bahsrah ia bersumpah tidak akan tertawa lagi di atas dunia ini sebelum mengetahui dengan pasti bagaimana nasib yang dihadapinya nanti. Ia melakukan segala macam ibadah dan disiplin diri (guna mendekat kepada Allah) yang tak dapat ditandingi oleh siapapun pada masa hidupnya.

SI PENYEMBAH API

Hasan bashri mempunyai seorang tetangga bernama Simoen, seorang penyembah api. Suatu hari Simoen jatuh sakit dan ajalnya hampir tiba. Sahabat-sahabat meminta agar Hasan sudi mengunjunginya. Akhirnya Hasan pun pergi mengunjungi Simoen yang terbaring di atas tempat tidur dan badannya telah kelam karena api dan asap.

Hasan memberi nasehat, "Takutlah kepada Allah." Engkau telah menyia-nyiakan seluruh usiamu di tengah-tengah api dan asap."

"Ada tiga hal yang mencegahku untuk menjadi seorang Muslim." Jawab Simoen si Penyembah Api. "Yang pertama adalah kenyataan bahwa sekalipun kalian membenci keduniawian, tetapi siang dan malam kalian mengejar harta kekayaan. Yang kedua, kalian mengatakan bahwa mati adalah suatu kenyataan yang harus dihadapi, namun kalian tidak bersiap-siap untuk menghadapinya. Yang ketiga, kalian mengatakan bahwa wajah Allah akan terlihat namun hingga saat ini kalian melakukan segala sesuatu yang tidak diridhai-Nya."

Hasan melengak, tak disangka si Penyembah Api mempunyai kedalaman mata batin seperti itu. "Inilah ucapan dari manusia-manusia yang sungguh-sungguh mengetahui." Kata Hasan. "Jika orang-orang Muslim berbuat seperti yang engkau katakan, apa pulakah yang hendak kau katakan? Mereka mengakui keesaan Allah sedangkan engkau menyembah api selama tujuh puluh tahun, dan aku tak pernah berbuat seperti itu. Jika kita sama-sama terseret kedalam neraka, api neraka akan membakar dirimu dan dirimu, tetapi jika diijinkan Allah, api tidak akan berani menghanguskan sehelai rambut pada tubuhku. Hal ini karena api diciptakan Allah dan segala ciptaan-Nya tunduk pada perintah-Nya. Walaupun engkau menyembah api selama tujuh puluh tahun, marilah bersama-sama menaruh tangan kita ke dalam api agar engkau dapat menyaksikan sendiri betapa api itu sesungguhnya tak berdaya dan betapa Allah itu Maha kuasa."

Setelah berkata demikian Hasan memasukkan tangannya kedalam api. Namun sedikitput ia tidak cedera atau terbakar. Menyaksikan hal ini Simoen terheran-hearn. Fajar pengetahuan terlihat olehnya.

"Selama tujuh puluh tahun aku menyembah api," Simoen mengeluh. "Kini hanya dengan satu atau dua helaan nafas saja yang tersisa, apakah yang harus kulakukan?"

"Jadilah seorang Muslim" jawab Hasan.

"Jika engkau memberiku jaminan tertulis bahwa Allah tidak akan menghukum diriku," kata Simoen. "Barulah aku menjadi seorang Muslim. Tanpa jaminan itu aku tak sudi memeluk apama Islam."

Hasan segera membuat sebuah surat jaminan.

Kini susulah orang-orang yang jujur di kota Bashrah untuk memberikan kesaksian mereka atas surat jaminan tersebut."

Simoen mencucurkan air mata dan menyatakan dirinya masuk Islam. Kepada Hasan ia menyampaikan wasiatnya yang terakhir," setelah aku mati, mandikanlah aku dengan tanganmu sendiri, kuburkanlah aku dan selipkan surat jaminan ini di tanganku. Surat ini akan menjadi bukti bahwa aku adalah seorang Muslim."

Setelah berwasiat demikian ia mengucapkan dua kalimah syahadat dan menghembuskan nafasnya yang terahir. Mereka memandikan mayat Simoen, menshalatkannya dan menguburkannya dengan sebuah surat jaminan di tangannya.

Malam harinya Hasan pergi tidur sambil merenungi apa yang telah dilakukannya itu. "Bagaimana aku dapat menolong orang yang sedang tenggelam sedang aku sendiri dalam deadaan serupa. Aku sendiri tidak dapat menentukan nasibku, tetapi mengapa aku berani memastikan apa yang dilakukan oleh Allah?"

Dengan galau pikiran-pikiran seperti ini Hasan sulit untuk segera memejamkan mata. Namun begitu ia tertidur ia bermimpi bertemu Simoen, wajah Simoen cerah dan bercahaya seperti sebuah pelita: di kepalanya terlihat sebuah mahkota. Ia mengenakan sebuah jubah yang indah dan sedang berjalan-jalan di taman sorgawi.

"Bagaimana keadaanmu Simoen? Tanya Hasan kepadanya.

"Mengapa engkau beraninya padahal kau menyaksikan sendiri?" jawab Simeon. "Allah Yang Maha Besar dengan segala kemurahan-Nya telah menghampirkan diriku kepada-Nya dan telah memperlihatkan wajah-Nya kepadaku. Karunia yang dilimpahkan kepadaku melebihi segala kata-kata. Engkau telah memberiku sebuah surat jaminan, terimalah kembali surat jaminan ini karena aku tidak membutuhkannya lagi."

Ketika Hasan terbangun ia mendapatkan surat jaminan itu telah berada di tangannya. "Ya Allah," seru Hasan. "Aku menyadari bahwa segala sesuatu yang Engkau lakukan adalah tanpa sebab kecuali karena kemurahan-Mu semata. Siapakah yang akan tersesat di pintu-Mu? Engkau telah mengizinkan seseorang yang telah menyembah api tujuh puluh tahun lamanya untuk menghampiri-Mu, semata-mata karena sebuah ucapan. Betapa Engkau akan menolak seseorang yang telah beriman selama tujuh puluh tahun?"

HANYA WALI YANG MENGETAHUI WALI

Pada suatu hari, ketika Abu 'Amr, seorang ahli tafsir terkemuka sedang mengajarkan al-Qur'an, tak disangka-sangka datanglah seorang pemuda tampan ikut mendengarkan pembahasannya. Demikian tampannya pemuda itu hingga Abu 'Amr terpesona memandangnya dan secara mendadak lupalah ia akan setiap kata dan huruf dalam Qur'an. Ia sangat menyesal dan gelisah karena perbuatannya itu. Dalam keadaan seperti ini pergilah ia mengunjungi Hasan dari Basrah untuk mengadukan kegelisahan hatinya.

"Guru," kata Abu 'Amr sambil menangis sedih. "Begitulah karena terpesona oleh ketampanan pemuda itu, maka setiap kata dan huruf Al-Qur'an telah hilang dari ingatanku."

Hasan begitu terharu melihat keadaan muridnya itu. Kemudian ia berkata kepada Abu 'Amr, "Sekarang ini adalah musim haji. Pergilah ke Tanah Suci dan tunaikanlah ibadah haji. Sesudah itu pergilah ke masjid Khaif. Di sana engkau akan bertemu dengan seorang tua. Jangan engkau langsung menegurnya tapi tunggulah sampai keasyikannya beribadah selesai. Setelah itu barulah engkau memohonkan agar ia mau berdo'a untukmu."

Abu 'Amr menuruti nasehat Hasan Bashri. Sesudah melaksanakan ibadah haji ia pergi ke masjid Khaif. Di pojok ruangan masjid ia melihat seorang tua yang patut dimuliakan dan beberapa orang duduk mengelilingi dirinya. Beberapa saat kemudian masuklah seorang lelaki yang berpakaian putih bersih. Orang-orang yang berkerumun memberi jalan kepadanya, mengucapkan salam dan setelah itu mereka berbincang-bincang dengan dia. Ketika waktu shalat telah tiba, lelaki tersebut meminta diri untuk meninggalkan tempat itu. Tidak berapa lama kemudian yang lain-lain pun pergi pula, sehingga yang tertinggal di tempat itu hanyalah si orang tua tadi.

Abu 'Amr menghampiri dan mengucapkan salam kepadanya.

"Dengan nama Allah tolonglah diriku ini," Abu 'Amr berkata sambil menangis. Kemudian menerangkan duka cita yang menimpa dirinya. Si orang tua sangat perihatin mendengar penuturan Abu 'Amr tersebut, lalu menengadahkan kepala dan berdo'a.

Belum lagi orang tua itu merendahkan kepalanya semua kata huruf Al-Qur'an telah dapat diingatnya kembali. Abu 'Amr sujud di depan orang tua itu karena rasa syukurnya.

"Siapakah yang telah menyuruhmu untuk menghadap kepadaku?" tanya orang tua itu kepada Amu 'Amr.

"Hasan dari Bashrah," jawab Abu 'Amr.

"Jika seseorang telah mempunyai imam seperti Hasan," orang tua itu berkomentar, "Mengapa ia memerlukan imam yang lain?" Tapi baiklah, Hasan telah menunjukkan siapa diriku ini dan kini akan kutunjukkan siapakah sebenarnya dia. Ia telah membuka selubung diriku dan kini kubuka pula selubung dirinya."

Orang tua itu diam sebentar lalu meneruskan penuturannya."Lelaki yang berjubah putih tadi, yang datang ke sini setelah shalat Ashar, dan yang terlebih dahulu meninggalkan tempat ini serta dihormati orang-orang lain tadi, ia adalah Hasan. Setiap hari setelah melakukan shalat Ashar di Bashrah[10] ia berkunjung ke sini, berbincang-bincang bersamaku, dan kembali lagi ke bashrah untuk shalat Maghrib di sana. Jika seseorang telah mempunyai imam seperti Hasan, mengapa ia masih merasa perlu memohonkan doa dari diriku ini?"

---

[10] Padahal jarak antara kota Bashrah dengan masjid Khaif cukup jauh dan tidak mungkin dapat ditempuh dalam satu hari perjalanan pada masa itu. Ini menunjukkan betapa Hasan mempunyai karomah atau keistimewaan luar biasa.

Bab 10

FUZAIL BN IYAZ

TAUBATNYA SANG PEMBEGAL

Sewaktu masih remaja Fuzail mendirikan kemah di tengah-tengah padang pasir. Yaitu di antara Merv dan Baward. Jubahnya terbuat dari bahan kasar. Topinya terbuat dari bulu domba, dan di lehernya senantiasa tergantung sebuah tasbih.

Fuzail mempunyai banyak teman yang kesemuanya terdiri dari para pencuri dan pembegal. Siang dan malam mereka merampok, membunuh dan membawa hasil rampokannya kepada Fuzail. Karena Fuzail adalah pemimpin mereka. Fuzail mengambil sesuatu yang disukainya, sesudah itu membagi-bagikan kelebihan harta rampasan itu kepada semua sahabat-sahabatnya.

Ia selalu tanggap akan sesuatu dan tak pernah alpa dari pertemuan-pertemuan mereka. Setiap anggota baru yang sekali saja tidak mengikuti pertemuan, Fuzail akan mengeluarkannya dari kelompok mereka.

Pada suatu hari sebuah kafilah besar melewati daerah mereka. Fuzail dan sahabat-sahabatnya telah menanti-nantikan kedatangan kafilah tersebut. Di dalam rombongan tersebut ada seorang lelaki yang pernah mendengar desas-desus mengenai kawanan perampok itu, ketika ia melihat gerombolan perampok itu dari kejauhan ia pun berpikir keras: bagaimana ia akan menyembunyikan sekantong emas yang dimilikinya.

“Kantong emas ini akan kusembunyikan,” katanya dalam hati. Jadi, jika para perampok itu membegal rombongan ini, aku masih mempunyai modal untuk diandalkan.

Ia menyimpang dari jalan raya. Kemudian ia melihat sebuah kemah dan di dekat kemah itu ada seseorang yang wajah dan pakaiannya tampak seperti pertapa. Ia merasa suka dan mempercayai orang ini. Maka sekantong emas itupun lalu dititipkannya kepada orang ini.

“Taruhlah kantongmu itu di pojok kemahku,” kata orang yang berpenampilan pertapa ini. Orang itu sama sekali tak menyangka bahwa sebenarnya pertapa ini adalah Fuzail pemimpin kawanan perampok.

Lelaki itu melakukan apa yang dikatakan Fuzail. Kemudian ia kembali ke rombongannya, tetapi mereka telah dibegal oleh kawanan Fuzail. Semua barang bawaannya telah dirampas sedang kaki dan tangan mereka diikat. Lelaki itu melepaskan ikatan sahabat-sahabat seperjalanannya.

Setelah mengumpulkan harta benda yang masih tersisa, menyingkirlah mereka dari tempat itu. Lelaki tadi kembali ke kemah Fuzail untuk mengambil kantong emasnya. Ia melihat Fuzail sedang berkerumun dengan kawanan perampok dan membagi-bagikan hasil rampasan mereka.

"Celaka, ternyata aku telah menitipkan kantong emasku kepada pemimpin rampok," keluh lelaki itu.

Tetapi Fuzail yang dari kejauhan melihatnya, segera memanggilnya dan iapun datang menghampiri.

Apakah yang engkau kehendaki?" tanya lelaki itu kepada Fuzail.

"Ambillah barangmu dari tempat tadi dan setelah itu tinggalkanlah tempat ini."

Lelaki itu segera berlari ke kemah Fuzail, mengambil sekantong emas dan meninggalkan tempat itu.

Dengan penuh heran teman-teman Fuzail berkata: "Dari seluruh kafilah itu kita tidak mendapatkan satu dirham pun dalam bentuk tunai. Tetapi mengapa engkau mengembalikan sepuluh ribu dirham itu kepadanya?"

"Ia telah mempercayaiku seperti aku mempercayai Allah yang akan menerima taubatku nanti. Aku hargai kepercayaannya itu agar Allah menghargai kepercayaanku pula." Jawab Fuzail.

Pada hari yang lain mereka membegal kafilah pula dan

merampas harta benda mereka. Ketika kawanan Fuzail sedang makan, seorang anggota kafilah itu datang menghapiri mereka.

“Siapakah pemimpin kalian?” tanya orang itu.

“Ia tidak ada di sini, ia sedang shalat di balik pohon di pinggir sungai itu.” Jawab kawanan perampok itu.

“Tetapi sekarang belum waktunya untuk shalat,” sambung lelaki itu.

Salah seorang diantara pembegal-pembegal itu menjelaskan lagi. “Ia sedang melakukan shalat sunnat.”

“Dan ia tidak makan bersama-sama dengan kalian?” kembali lelaki itu bertanya.

“Ia sedang berpuasa,” jawab salah seorang.

“Tetapi sekarang ini bukan bulan Ramadhan?” tanya lelaki itu terus mengajar.

“Ia sedang berpuasa sunnat.” Kata seorang lagi.

Dengan sangat heran lelaki itu menghampiri Fuzail yang sedang khusyuk melaksanakan shalat. Menunggu sampai Fuzail selesai bershalat.

Ada sebuah peribahasa yang mengatakan, hal-hal yang bertentangan tidak dapat dipersatukan. Bagaimana mungkin seseorang berpuasa, merampok, shalat dan membunuh orang Muslim pada waktu yang bersamaan?”

“Apakah engkau memahami Al-Qur’an?” tanya Fuzail.

“Ya,” jawab lelaki itu.

"Tidakkah Allah Yang Mahakuasa berkata: "Orang-orang lain yang telah mengakui dosa-dosa mereka dan mencampuradukkan perbuatan-perbuatan yang baik dengan perbuatan-perbuatan yang aniaya?"

Lelaki itu hanya terdiam tak dapat berkata apa-apa.

Orang-orang mengatakan bahwa pada dasarnya Fuzail adalah seorang yang berjiwa satria dan berhati mulia. Apabila di dalam sebuah kafilah terdapat seorang wanita, maka barang-barang wanita itu tidak akan dirampasnya. Untuk setiap korbannya ia selalu meninggalkan sebagian dari harta bendanya yang dirampas. Sebenarnya semua kecenderungan Fuzail tertuju kepada perbuatan yang baik.

Pada awal petualangannya, Fuzail tergila-gila kepada seorang wanita. Hasil rampasannya selalu dihadiahkan kepada wanita itu. Saking mabuk asmaranya, Fuzail tak jarang memanjat dinding rumah wanita itu tanpa pedulikan keadaan cuaca. Sementara berbuat demikian, ia selalu menangis.

Suatu malam ketika ia sedang memanjat rumah kakasihnya itu, lewatlah sebuah kafilah dan diantara mereka ada yang sedang membacakan ayat-ayat Al-Qur'an.

Terdengarlah oleh Fuzail ayat yang bebunyi: "Belum tibakah saatnya hati orang-orang yang percaya merendah untuk mengingat Allah?"

Ayat ini bagaikan anak panah menembus jantung Fuzail. Seolah sebuah tantangan berseru kepadanya. "Wahai Fuzail, berapa lama lagikah engkau akan membegal para kafilah? Telah tiba saatnya kami akan membegalmu!"

Fuzail terjatuh dan berseru: "Memang telah tiba saatnya, bahkan hampir terlambat!"

Fuzail merasa bingung dan malu. Ia berlari ke arah sebuah puing. Ternyata di situ sedang berkemah sebuah kafilah.

Mereka berkata: "Marilah kita melanjutkan perjalanan."

Tetapi salah seorang ada yang mencegah: "Tidak mungkin, karena Fuzail sedang menanti dan akan menghadang kita."

Mendengar pembicaraan mereka itu Fuzail berseru: "Dengarlah kalian semua! Fuzail sekarang telah bertaubat!"

Setelah berseru demikian ia pun lalu pergi. Sepanjang hari ia berjalan sambil menangis. Hal ini sangat menggembirakan orang-orang yang membenci dirinya. Kenapa setiap orang diantara sahabat-sahabatnya, Fuzail meminta agar janji setia diantara mereka dihapuskan. Akhirnya hanya tersisa seorang Yahudi di Baward. Fuzail meminta agar janji setia diantara mereka berdua dihapuskan. Namun si Yahudi ini tidak mau dibujuk.

"Sekarang kita dapat memperolok-olok pengikut Muhammad", bisik si Yahudi pada teman-temannya sambil tergelak-gelak.

"Jika engkau menginginkan aku untuk menghapuskan janji setia yang telah kita ikrarkan itu, maka ratakanlah bukit itu!" kata si Yahudi sambil menunjuk ke arah sebuah bukit pasir.

Bukit itu tidak mungkin dapat dipindahkan oleh seorang manusia. Kecuali untuk waktu yang sangat lama. Lantas dicangkulnya bukit itu sedikit demi sedikit. Kapankah dapat diselesaikan?

Pada suatu pagi, ketika Fuzail sangat letih, sekonyong-konyong datanglah angin kencang yang meniup bukit pasir tersebut hingga rata. Setelah melihat betapa bukit pasir itu telah menjadi rata, si Yahudi yang sangat takjub itu berkata kepada

Fuzail.

"Sesungguhnya aku telah bersumpah, bahwa aku tidak akan menghapuskan janji setia kita sebelum engkau memberikan uang kepadaku. Oleh karena itu masuklah de dalam rumahku. Ambillah segenggam uang emas yang terletak di bawah permadani dan berikan kapadaku. Dengan demikian sumpahku akan terpenuhi dan janji setia antara kita dapat dihapuskan.

Kemudian Fuzail menuruti perintahnya. Sesungguhnya bukan uang emas yang ada di bawah permadani si Yahudi. Yahudi itu justru telah menaruh gumpalan-gumpalan tanah ke bawah permadani. Tetapi ketika Fuzail merasa ke bawah permadani itu dan menarik tangannya keluar, ternyata yang diperolehnya adalah segenggam penuh dinar emas. Dinar-dinar emas itu diserahkannya kepada si orang Yahudi.

"Islamkanlah aku!" serunya kepada Fuzail.

Fuzail mengislamkannya dan jadilah ia seorang Muslim.

"Tahukah engkau mengapa aku mau menjadi seorang muslim? Hingga sesaat yang lalu aku masih ragu, yang manakah agama yang benar. Aku pernah membaca di dalam Taurat: Jika seseorang benar-benar bertaubat, kemudian menaruh tangannya ke atas tanah, maka tanah itu akan berubah menjadi emas. Sesungguhnya dibawah permadani tadi telah kutaruhkan tanah untuk membuktikan taubatmu. Dan ketika tanah itu berubah menjadi emas karena sentuhanmu, tahulah aku bahwa engkau benar-benar telah bertaubat dan bahwa agamamu adalah agama yang benar.

Fuzail memohon kepada seseorang: "Demi Allah, ikatlah kaki dan tanganku, kemudian bawalah aku ke hadapan Sultan agar dia mengadiliku karena berbagai kejahatan yang pernah kulakukan."

Orang itu memenuhi permohonan Fuzail. Ketika Sulta

melihat Fuzail, terlihatlah olehnya tanda-tanda manusia berbudi pada dirinya.

"Aku tidak dapat mengadilinya", kata Sultan. Kemudian ia memerintahkan agar Fuzail diantarkan pulang dengan segala kehormatan. Ketika mengeluarkan sebuah tangisan yang keras sekali.

"Dengarlah, Fuzail sedang berteriak-teriak! Mungkin ia sedang disiksa," orang-orang berkata.

"Memang benar, aku sedang disiksa!" jawab Fuzail.

"Apakah yang dipukuli?" tanya mereka.

"Batinku!" jawab Fuzail.

Kemudian ia menjumpai isterinya dan berkata: "Isteriku, aku akan pergi ke rumah Allah. Jika engkau suka, engkau akan kubebaskan."

"Aku tidak mau berpisah dari sisimu. Kemana pun engkau pergi aku akan menyertaimu." Jawab isterinya.

Maka berangkatlah mereka ke Mekkah. Allah Yang Mahakuasa telah melancarkan pejalanan mereka. Di kota Mekkah mereka tinggal di dekat Ka'bah dan dapat bertemu dengan beberapa orang suci. Untuk beberapa lama Fuzail bergaul rapat dengan Imam Abu Hanifah.

Di kota Mekkah ini terbukalah kesempatan bagi Fuzail untuk berkotbah. Penduduk kota senantiasa berbondong-bondong untuk mendengarkannya. Nama Fuzail segera menjadi buah bibir di seluruh pelosok dunia.

Sehingga sanak saudaranya meninggalkan Bavard menuju

Mekkah untuk menemuinya. Mereka mengetuk pintu rumah Fuzail. Namun tidak dijawabnya. Mereka tau mau meninggalkan tempat itu. Maka naiklah Fuzail ke atap rumahnya dan berseru kepada mereka.

"Wahai penganggur-penganggur, semoga Allah memberikan pekerjaan kepada kalian!"

Berkali-kali Fuzail mengucapkan kata-kata pedas seperti itu sehingga semua sanak keluarganya menangis dan lupa diri. Akhirnya karena tak berhasil, mereka pun meninggalkan tempat itu. Fuzail masih tetap di atas atap dan tidak mau membukakan pintu rumahnya.

ULAMA' YANG TAK PERNAH MENJILAT PENGUASA

Pada suatu Malam, Harun ar-Rasyid memanggil Fazl Barmesid, salah seorang diatara pengawal-pengawal kesayangannya. Harun ar-Rasyid berkata kepada Fazl:

"Malam ini bawalah aku kepada seseorang yang menunjukkan kepadaku siapakah aku ini sebenarnya. Aku telah jemu dengan segala kebesaran dan kebanggaan."

Fazl membawa Harun ar- Rasyid ke rumah Shofyan al-Uyaina. Mereka mengetuk pintu dan dari dalam Shofyan menyahut.

"Siapakah itu?"

"Pemimpin kaum Muslimin," jawab Fazl.

Shofyan berkata: "Mengapakah Sultan tadi menyusahkan diri. Mengapa tidak dikabarkan saja kepadaku sehingga aku datang sendiri untuk menghadap?"

Mendengar ucapan tersebut Harun ar-Rasyid berkata: “Ia bukan orang-orang yang kucari. Ia pun menjilatku seperti yang lain-lainnya.”

Mendengar kata-kata Sultan tersebut, Shofyan berkata:

“Jika demikian, Fuzail bin Iyaz adalah orang yang engkau cari. Pergilah kepadanya.”

Kemudian Shofyan membacakan ayat: “Apakah orang-orang yang berbuat aniaya menyangka bahwa kami akan mempersamakan mereka dengan orang-orang yang beriman serta melakukan perbuatan-perbuatan yang saleh?”

Harun ar-Rasyid menimpali: “Seandainya aku menginginkan nasehat-nasehat yang baik niscara ayat itu telah mencukupi.”

Kemudian mereka mengetuk pintu rumah Fuzail. Dari dalam Fuzail bertanya: “Siapakah itu?

“Pemimpin kaum Muslimin.” Jawab Fazl.

“Apakah urusannya dengan aku dan apakah urusanku dengan dia?” tanya Fuzail.

“Bukankah suatu kewajiban untuk mematuhi para pemegang kekuasaan?” sambung Fazl.

“janganlah kalian mengganggu!” seru Fuzail.

“Perlukah aku mendobrak pintu dengan kekuasaanku sendiri atau dengan perintah Sultan?” tanya Fazl.

“Tidak ada sesuatu hal yang disebut kekuasaan. Jika secara paksa mendobrak masuk, engkau tahu apa yang engkau lakukan.”

Harun ar-Rasyid melangkah masuk. Begitu Harun menghampirinya, Fuzail meniup lampu hingga padam agar ia tidak dapat melihat wajah sultan. Harun ar-Rasyid mengulurkan tangannya dan disambut oleh tangan Fuzail yang kemudian berkata.

"Betapa lembut dan halus tangan ini. Semoga tangan ini terhindar dari api neraka!"

Setelah berkata demikian Fuzail berdiri dan berdoa. Harun ar-Rasyid sangat tergugah hatinya dan tak dapat menahan air matanya.

"katakanlah sesuatu kepadaku," Harun memohon pada Fuzail.

"Leluhurmu, pamanda Nabi Muhammad, pernah meminta kepada beliau: "Jadikanlah aku pemimpin bagi sebagian ummat manusia.

Nabi menjawab: "Paman, untuk sesaat aku pernah mengangkatmu menjadi pemimpin dirimu sendiri."

Dengan jawaban ini yang dimaksud Nabi adalah sesaat mematuhi perintah Allah adalah lebih baik daripada seribu tahun dipatuhi oleh ummat manusia. Kemudian Nabi menambahkan: Kepemimpinan akan menjadi sumber penyesalan pada hari berbangkit nanti."

"Lanjutkanlah," Harun ar-Rasyid meminta.

"Ketika diangkat menjadi Khalifah, Umar bin Abdul Aziz memanggil Salim bin 'Abdullah, Raja bin Hayat, dan Muhammad bin Ka'ab. 'Umar berkata kepada mereka: "Hatiku sangat gundah karena cobaan ini. Apakah yang harus kulakukan? Aku tahu bahwa kedudukan yang tinggi ini adalah sebuah cobaan walaupun orang lain menganggapnya sebagai karunia.

Salah seorang diantara katiga sahabat Umar itu berkata: "Jika engkau ingin terlepas dari hukuman Allah di akhirat nanti, pandangilah setiap Muslim yang tua sebagai ayahmu sendiri. Setiap Muslim yang remaja sebagai saudaramu sendiri. Dan setiap Muslim yang kanak-kanak sebagai puteramu sendiri. Perlakukanlah mereka sebagaimana seharusnya seseorang memperlakukan ayahnya, saudaranya dan puteranya."

"Lanjutkanlah," pinta Harun ar-Rasyid lagi.

"Anggaplah negeri Islam sebagai rumahmu sendiri dan penduduknya sebagai keluargamu sendiri. Jenguklah ayahmu, hormatilah saudaramu dan bersikap baiklah kepada anakmu. Aku sayangkan jika wajahmu yang tampan ini akan hangus terbakar didalam neraka nanti. Takutilah Allah dan taatilah perintah-Nya. Berhati-hatilah dan bersikaplah secara bijaksana. Karena pada hari berbangkit nanti Allah akan meminta pertanggung jawabanmu sehubungan dengan setiap muslim. Dan Dia akan memeriksa apakah engkau telah berlaku adil kepada setiap orang. Apabila ada seorang wanita uzur yang tertidur dalam keadaan lapar, di hari berbangkit nanti ia akan menarik pakaianmu dan akan memberi kesaksian yang memberatkan dirimu."

Harun ar-Rasyid menangis dengan sangat getirnya. Sehingga tampaknya ia akan jatuh pingsan. Melihat hal ini wajar Fazl menyentak Fuzail:

"Cukup!" Engkau telah membunuh pemimpin kaum Muslimin!"

"Diamlah Haman!" Engkau dan orang-orang seperti engkau inilah yang telah menjurumuskan dirinya. Kemudian engkau katakan aku membunuhnya. Apakah yang kulakukan ini suatu pembunuhan?"

Mendengar kata-kata Fuzail ini, tangis Harun ar-Rasyid semakin menjadi-jadi. “Ia menyebutmu Haman?”, kata Harun ar-Rasyid sambil memandang Fazl, “Karena ia mempersamakan diriku dengan Fir’aun.”

Kemudian Harun bertanya kepada Fuzail” “Apakah engkau mempunyai hutang yang belum dilunaskan?”

“Ya.” Jawab Fuzail. “Hutang kepatuhan kepada Allah. Seandainya Dia memaksaku untuk melunasi hutang ini celakalah aku!”

“Fuzail, yang aku maksudkan adalah hutang kepada sesama manusia!” Harun menegaskan.

“Aku bersyukur kepada Allah yang telah mengaruniakan kepadaku sedemikian berlimpahnya sehingga tidak ada keluh kesah yang harus kusampaikan kepada hamba-hamba-Nya.

Kemudian Harun ar-Rasyid menaruh sebuah kantong yang berisi seribu dinar di hadapan Fuzail sambil berkata: “Ini adalah uang halal yang diwariskan ibuku.”

Tetapi Fuzail mencela, “Wahai pemimpin kaum muslimin, nasehat-nasehat yang kusampaikan kepadamu ternyata tidak ada faedahnya. Engkau bahkan memulai lagi perbuatan salah dan mengulangi kezaliman.”

“Perbuatan salah apakah yang telah kulakukan?” tanya Harun.

“Aku mengajakmu ke jalan keselamatan tetapi engkau menjerumuskanku ke dalam godaan. Bukankah hal itu suatu kesalahan? Telah kukatakan kepadamu, kembalikanlah segala sesuatu yang ada padamu kepada pemiliknya yang berhak. Tetapi engkau memberikannya kepada yang tidak pantas menerimanya. Percuma saja aku memberi nasehat.”

Setelah berkata demikian Fuzail berdiri dan melemparkan uang emas itu keluar rumah.

"Benar-benar seorang manusia hebat!" Harun ar-Rasyid berkata ketika ia meninggalkan rumah Fuzail. "Sesungguhnya Fuzail adalah seorang raja bagi ummat manusia. Ia sangat blak-blakan dan dunia ini terlampau kecil dalam pandangannya."

TETAP BERSERAH DIRI KEPADA ALLAH

Fuzail mempunyai dua anak perempuan. Menjelang akhir hayatnya Fuzail menyampaikan wasiatnya yang terakhir kepada isterinya: "Jika aku mati, bawalah anak-anak kita ke Gunung Abu Qubais. Disana tengadahkan wajahmu dan berdoalah kepada Allah begini:"

"Ya Allah, Fuzail menyuruhku untuk menyampaikan pesan-pesannya kepada-mu: Ketika aku hidup kedua anak-anak yang tak berdaya ini telah kulindungi dengan sebaik-baiknya. Tetapi setelah Engkau mengurungku di dalam kubur, mereka kuserahkan kepada-Mu kembali."

Setelah Fuzail dikebumikan, istrinya melakukan seperti apa yang dipesankan. Ia pergi ke gunung Abu Qubais dengan membawa kedua anak perempuannya. Kemudian ia berdoa kepada Allah sambil menangis dan meratap. Kebetulan pada saat itu Pangeran dari negeri Yaman berserta kedua puteranya melalui tempat itu.

Sang pangeran berkata, "Apakah kemalangan yang telah menimpa diri kalian?"

Istri Fuzail menerangkan keadaan mereka yang sebenarnya.

Sang pangeran berkata, "Jika kedua puterimu kujodohkan dengan kedua puteraku ini.. Dan untuk masing-masing di antara mereka kuberikan sepuluh ribu dinar sebagai mas kawinnya, apakah engkau merasa cukup puas?"

"Ya, saya terima!" jawab si ibu.

Segeralah sang pangeran mempersiapkan tandu-tandu, permadani permadani dan brokat-brokat kemudian membawa si ibu beserta kedua puteranya ke negeri Yaman.

Bab 11

ABI HAFSHIN AL-HADDAD

TAUBATNYA SI PEMABUK ASMARA

Abu Hanifah al-Haddad adalah seorang pandai besi. Ketika masih remaja, Abu Hafshin jatuh cinta kepada seorang gadis pelayan. Ia demikian tergila-gila sehingga tak dapat hidup dengan tenang.

Melihat keadaan itu sahabat-sahabatnya memberi saran, "Ada seorang dukun Yahudi yang tinggal di pinggiran kota Nishapur ia tentu dapat menolongnya."

Maka pergilah Abu Hafhsin ke dukun Yahudi itu dan menerangkan kasus yang dihadapinya.

Si Yahudi menyarankan, "Selama empat puluh hari janganlah engkau melakukan shalat, dengan cara bagaimana pun janganlah engkau patuhi perintah Allah, dan jangan lakukan perbuatan-perbuatan baik. Setelah semua ini kau lakukan, barulah aku sanggup dengan sihirku membuat kehendakmu tercapai."

Selama empat puluh hari ia melaksanakan nasehat si Dukun Yahudi. Setelah itu si dukun membuatkan sebuah jimat untuknya. Tetapi semua itu tak membuahkan hasil.

Ketika dia menemui si dukun, Yahudi itu berkata, "Sudah pasti bahwa selama ini kau pernah melakukan perbuatan baik, jika tidak, tentu tujuanmu telah tercapai."

"Tak ada pelanggaran yang aku lakukan," kata Abu Hafshin membela diri, "Satu-satunya kebajikan yang kulakukan adalah menyepak sebuah batu ketika aku datang kemari agar tidak ada orang tersandung karenanya."

Si Yahudi mencela, "Janganlah menjengkelkan Allah yang perintah-perintah-Nya hendak engkau tentang selama empat puluh hari. Dia takkan menyia-nyiakan kemurahan-Nya walau untuk kebajikan kecil seperti yang telah engkau lakukan."

Kata-kata itu mengobarkan api di dalam dada Abu Hafshin. Demikian dahsyatnya api itu berkobar sehingga Abu Hafshin bertaubat melalui si Yahudi itu.

Abu Hafshin meneruskan usahanya sebagai pandai besi. Ia menyembunyikan keajaiban-keajaiban yang telah terjadi pada dirinya. Setiap hari ia memperoleh uang satu dinar. Dan setiap malam pula uang satu dinar itu diberikannya kepada orang-orang miskin. Atau secara sembunyi diletakkannya pada kotak surat para janda. Kemudian ia waktu Isya' telah tiba, iapun pergi mengemis dan dengan uang yang diperolehnya melalui cara ini ia berbuka puasa. Kadang ia mengumpulkan bawang atau lainnya sisa-sisa yang terdapat di kamar cuci umum lalu dicuci dan dijadikan santapannya.

Demikianlah perilaku Abu Hafshin untuk beberapa lama. Pada suatu hari seorang buta berjalan di dalam pasar sambil membaca ayat. "Aku berlindung kepada Allah dari Syaithan yang terkutuk. Dengan nama Allah Yang Maha pengasih lagi Maha penyayang. Maka akan ditunjukkan Allah kepada mereka yang tak pernah mereka sangka sebelumnya........."

Ayat ini menyesakkan dada Abu Hafshin sehingga ia tak sadarkan diri. Pada suatu ketika di saat ia di bengkel pandai besinya, sebagai ganti jepitan ia masukkan tangannya ke dalam tungku perapian untuk mengambil sepotong besi yang sedang panas membara. Basi itu ia taruh di atas paron untuk dipalu anak-

anak buahnya. Semua anak buah Abu Hafshin terkejut, betapa Abu Hafshin menempa besi panas itu dengan tangannya sendiri, sama sekali tak mempergunakan jepitan besi.

"Tuan apakah yang engkau perbuat ini?" tanya anak buahnya.

"Cepat palu!" Abu Hafshin memberi perintah.

"Tuan, apakah yang harus kami palu?" tanya mereka keheranan. "Besi ini telah bersih."

Barulah Abu Hafshin sadar. Dilihatnya besi yang membara ditangannya dan didengarnya seruan-seruan anak buahnya: "Besi itu telah bersih. Apakah yang harus kami palu?"

Sontak besi dilemparkannya. Bengkel itu ditinggalkannya dan siapapun boleh mengurusnya.

"Sudah lama aku sebenarnya ingin meninggalkan usaha ini, tapi tak bisa. Akhirnya kejadian ini menimpa diriku dan secara paksa membebaskanku. Betapapun aku mencoba meninggalkan usaha itu, namun sia-sia, akhirnya usaha itu sendiri yang meninggalkanku."

Sesudah itu, Abu hafshin menjalani kehidupan dengan disiplin diri yang keras. Menyepi dan mendekatkan diri kepada Allah.

BERTEMU DENGAN SYEIKH JUNAID

Abu Hafshin berketad hendak menunaikan ibadah haji ke tanah suci, tetapi ia tidak bisa membaca dan berbahasa Arab. Ketika sampai di kota Baghdad, murid-murid Sufi saling berbisik.

"Sunguh memalukan, ternyata Guru dari segala Guru di Khurasan masih memerlukan juru bahasa untuk memahami bahasa agama sendiri."

Tokoh Sufi terkenal di Baghdad yaitu Abul Qasim al-junaid menyuruh murid-muridnya untuk menyongsong kedatangan Abu Hafshin. Abu Hafshin sendiri menyadari apa sedang dipikirkan oleh murid-murid Junaid itu. Betapa terkejut para murid itu, ternyata Abu Hafshin dapat berbicara dalam bahasa Arab yang fasih sehingga orang-orang Baghdad merasa kagum akan kemurnian bahasa Arabnya.

Beberapa cendekiawan berkumpul di sekelilingnya dan bertanya tentang cinta yang menyebabkan seseorang rela mengorbankan diri.

Abu Hafshin menoleh dan berkata kepada Junaid. "Engkau lebih pintar bicara. Jawablah pertanyaan mereka itu."

"Menurut pendapatku." Junaid mulai menjelaskan, "Jika kita benar-benar mengorbankan diri sendiri, maka kita tidak beranggapan bahwa kita telah mengorbankan diri dan membanggakan segala perbuatan yang telah kita lakukan."

"Hebat sekali," seru Abu Hafshin. "Tetapi menurut pendapatku, mengorbankan diri sendiri berarti adil kepada orang lain dan tidak mengharap agar orang lain berlaku adil kepada diri kita sendiri."

Junaid langsung berkata kepada murid-muridnya. "Laksanakan petuah ini, hal sahabat-sahabat!"

"Pelaksanaan yang benar jauh lebih sulit dari sekedar kata-kata," Abu Hafshin menekankan.

Begitu mendengar kata-kata ini, Junaid berseru lagi kepada murid-muridnya. "Bangkitlah sahabat-sahabat! Di dalam pengorbanan diri sendiri Abu Hafshin melebihi Adam beserta anak cucunya."

PENGORBANAN SANG MURID

Ada seorang murid yang senantiasa melayani Abu Hafshin dengan sangat takzim. Junaid sering memperhatikan si murid karena senang melihat sikapnya.

Junaid bertanya kepada Abu Hafshin, "Sudah berapa lamakah ia berada dibawah bimbinganmu?"

"Sepuluh tahun," jawab Abu Hafshin.

"tingkah lakunya tiada bercela dan sikapnya sopan. Benar-benar seorang pemuda yang mengagumkan," Junaid memberi penilaian.

"Ya." Jawab Abu Hafshin. "Sudah tujuh belas ribu dinar disumbangkannya untuk tujuan kita ini, kemudian dipinjamkannya pula tujuh belas ribu dinar untuk keperluan yang sama. Walau demikian, ia masih belum berani juga mengajukan satu pertanyaanpun kepada kami."

HATI TRENYUH DI KOTA MEKKAH

Ketika sampai di kota Mekkah. Abu Hafshin menyaksikan jama'ah-jama'ah yang miskin dan terlunta-lunta. Ia ingin sekali memberikan sesuatu kepada mereka. Tetapi tak ada yang dimilikinya. Oleh karena itu hatinya gelisah, ia tidak biasa membiarkan orang menderita. Kegelisahan ini demikian mencekam hatinya dan ia ta sanggup lagi menahannya. Akhirnya dipungutnya sebuah batu dan ia berteriak: "Demi keagungan-Mu, jika Engkau tidak memberikan sesuatu kepadaku, akan kuhancurkan semua lampu-lampu di dalam masjid."

Kemudian ia mengelilingi ka'bah. Tak lama kemudian datang seorang lelaki menghampiri dan memberinya sekantong emas yang kemudian dibagi-bagikan kepada orang-orang miskin dan terlunta-lunta.

KEMBALI KE BAGHDAD

Usai menunaikan ibadah haji, Abu Hafshin kembali ke Baghdad. Sahabat-sahabat Junaid menyambut kedatangannya.

"Oleh-oleh apakah yang kau bawa untuk kami?" tanya Junaid kepadanya.

Abu Hafshin menjawab, "Yang hendak kukatakan inilah oleh-olehku: Mungkin sekali di antara sahabat-sahabat kita ada yang tidak sanggup menghadapi kehidupan ini seperti yang seharusnya. Jika tingkah lakunya kepadamu kurang cocok, carilah ke dalam dirimu sebuah alasan untuk memaafkannya. Lalu maafkanlah kesalahannya itu."

Bila debu salah faham tidak dapat dihilangkan karena maaf itu, sedang kau berada di pihak yang benar, cari pula alasan untuk memaafkannya lalu maafkan pebuatannya itu.

Apabila debu salah faham tetap tidak dapat dihilangkan, cari pula alasan lain walau sampai empat puluh kali.

Apabila debu itu tidak dapat dihilangkan, sedang engkau dipihak yang benar, dan keempat puluh alasan itu tak dapat mengimbangi kesalahan yang telah dilakukannya terhadap dirimu, maka duduklah dan berkatalah depada dirimu sendiri: Betapa buruk kelakuanmu, betapa angkuhnya engkau! Saudaramu telah mengajukan empat puluh alasan agar kesalahannya dimaafkan, tetapi engkau tidak dapat menerima alasan-alasan itu dan tetap menbenci dia. Aku berlepas tangan terhadapmu. Engkau tahu apa yang kau inginkan. Perbuatlah sekehendak hatimu."

Junaid sangat kagum mendengar kata-kata ini.

"Tetapi siapakah yang mempunyai kekuatan seperti itu?"

Junaid bertanya kepada dirinya sendiri.

KIAT TIDAK MEMBERATKAN HATI SANG TAMU

Selama empat bulan Abu Hafshin menjadi tamu Syeikh Syibli (salah satu tokoh sufi yang terkenal). Setiap hari Syibli menyajikan aneka macam santapan dan berbagai penganan kecil.

Ketika pamit, Abu Hafshin berkata kepada Syibli:

"Jika engkau datang ke Nishapur akan kuajarkan kepadamu cara menjamu tamu dan kemurahan hati yang sejati."

"Apakah kesalahan yang telah kulakukan?" Syibli bertanya. Abu Hafshin menjawab, "Engkau terlampau merepotkan dirimu. Jamuan yang berlebihan tidaklah sama dengan kemurahan hati. Engkau harus meladeni tamu seperti meladenimu sendiri. Dengan demikian kedatangan tamu tidak merupakan beban kepadamu dan kepergiannya tidak merupakan alasan untuk merasa lega. Jika engkau terus menjamu tamu secara berlebihan, maka kedatangannya akan engkau anggap sebagai beban dan kepergiannya sebagai kelegaan. Seorang yang beranggapan demikian terhadap tamunya, tak dapat dikatakan bersifat pemurah."

Ketika Syibli datang ke Nishapur, ia menginap di rumah Abu Hafshin. Semua tamu berjumlah empat puluh orang, dan sewaktu malam tiba, Abu Hafshin menyalakan empat puluh satu buah pelita.

"Bukankah engkau sendiri mengatakan bahwa kita jangan berlebihan?" Syibli menegur Abu Hafshin.

"Jika demikian padamkanlah lampu-lampu itu," kata Abu Hafshin.

Syibli menuruti, tetapi walaupun ia berusaha keras hanya satu lampu yang dapat di padamkannya.

"Syeikh, apakah artinya semua ini"? tanya Syibli keheranan.

Abu Hafshin menjawab, "Kalian adalah empat puluh utusan Allah, karena seorang tamu adalah seorang utusan Allah. Jadi wajar jika demi Allah aku menyalakan sebuah pelita untuk masing-masing di antara kalian dan sebuah untuk diriku sendiri.

Keempat puluh pelita yang kunyalakan demi Allah itu tidak sanggup engkau padamkan, tetapi satu pelita yang kunyalakan untuk diriku sendiri berhasil engkau padamkan. Segala hal yang telah kau lakukan di Baghdad itu dahulu, engkau lakukan demi diriku. Tetapi yang kulakukan di sini, kulakukan demi Allah. Jadi yang kau lakukan dahulu itu merupakan hal yang ber-lebih-lebihan tetapi yang kulakukan ini bukan!"

Bab 12

SARI AS-SAQATHI

KEHIDUPANNYA

Sari as-Saqathi adalah orang pertama kali mengajarkan kebenaran mistik dan peleburan sufi di kota Baghdad. Kebanyakan tokoh-tokoh sufi di Baghdad adalah murid-muridnya. Ia adalah paman Junaid dan murid Ma'ruf al-Karkhi. Ia juga pernah bertemu dengan Habib ar-Ra'i.

Pada mulanya Sari tinggal di kota Baghdad di mana ia mempunyai sebuah toko. Setiap hari jika hendak shalat, digantungkan sebuah tirai di depan pintu tokonya.

Pada suatu hari datanglah seseorang dari gunung Lukam mengunjunginya. Dengan menyibakkan tirai itu ia mengucapkan salam kepada Sari dan berkata:

"Syeikh dari gunung Lukam mengirim salam kepadamu."

Sari menyahut: "Si Syeikh hidup menyepi di atas gunug dan oleh karena itu segala jerih payahnya tidak bermanfaat. Seorang manusia harus dapat hidup di tengah keramaian dan mengkhusyu'kan diri kapada Allah sehingga kita tidak pernah lupa kepada-Nya walau sesaat pun."

Diriwayatkan bahwa di dalam berdagang itu Sari tidak pernah menarik keuntungan lebih dari lima persen. Pada suatu ketika Sari membeli buah-buahan badam seharga enam puluh dinar. Pada waktu harga buah badam sedang naik, seorang pedagang perantara datang menemui Sari.

“Buah-buahan Badam ini hendak kujual,” Sari berkata kepadanya.

“Berapa harganya?” tanya si perantara.

”Enam puluh dinar,” jawab Sari.

“Tetapi harga buah Badam ini sembilan puluh dinar,” si perantara keberatan.

“Sudah menjadi peraturan diriku untuk tidak menarik keuntungan lebih dari lima persen,” jawab Sari. “Dan aku tidak akan melanggar peraturanku sendiri.”

“Dan akupun tidak merasa pantas untuk menjual barang-barangmu dengan harga kurang dari sembilan puluh dinar,” sahut sipedagang perantara.

Akhirnya si perantara tidak jadi menjualkan barang-barang Sari.

Pada mulanya Sari menjual barang-barang bekas. Pada suatu hari pasar kota Baghdad terbakar.

“Pasar terbakar!” orang-orang berteriak.

Mendengar teriakan-teriakan itu berkatalah Sari: “Bebaslah aku sudah!”

Setelah api reda ternyata toko Sari tidak termakan api. Ketika mendapatkan kenyataan ini, Sari menyerahkan segala harta bendanya kepada orang-orang miskin. Kemudian ia mengambil jalan kesufian.

"Apakah yang menyebabkan engkau menjalani kehidupan spiritual ini," seseorang bertanya kepada Sari.

Sari menjawab: "Pada suatu hari Syeikh Habib ar-Ra'i lewat didepan tokoku. Kepadanya kuberikan sesuatu untuk disampaikan kepada orang-orang miskin.

Syeikh Habib ar-Ra'i mendo'akan Sari: "Semoga Allah memberikan engkau."

Setelah Syeikh Habib ar-Ra'i mengucapkan do'a itu. Hati Sari sudah tak tertarik pada dunia lagi.

Keesokan harinya datanglah Syeikh Ma'ruf Karkhi beserta seorang anak yatim. Sufi tua ini berkata: "Berikanlah pakaian untuk anak ini."

Anak yatim itu kemudian diberi pakaian oleh Sari. Kemudian Syeikh Ma'ruf berkata: "Semoga Allah membuat hatimu benci kepada dunia ini dan membebaskanmu dari pekerjaan ini."

Karena makbulnya do'a Syeikh Ma'ruf itulah Sari dapat meninggalkan semua harta kekayaannya di dunia ini.

SAHABAT KESAYANGAN

Pada suatu hari, ketika Sari sedang memberikan ceramah. Salah seorang di antara sahabat-sahabat intim khalifah, Ahmad Yazid si Juru Tulis lewat dengan pakaian kebesaran yang megah diiringi oleh para hamba dan pelayan-pelayannya.

Yazid berkata kepada para pengiringnya: "Tunggulah sebentar, aku hendak mendengarkan kata-kata Sari. Kita telah mengunjungi berbagai tempat yang membosankan dan yang seharusnya tak perlu kita datangi."

Ahmad Yazid pun masuk dan duduk mendengarkan ceramah Sari.

Sari berkata: "Di antara kedelapan belas ribu dunia itu, tidak ada yang lebih lama daripada manusia, dan di antara sesama makhluk ciptaan Allah tidak ada yang lebih mengingkari daripada manusia. Jika ia baik maka ia terlampau baik sehingga malaikat-malaikat sendiri iri kepadanya. Jida ia jahat maka ia terlampau jahat sehingga syaithan sendiri malu untuk bersahabat dengannya. Alangkah mengherankan, manusia yang sedemikian lemah itu masih mengingkari Allah yang sedemikian perkasa.

Kata-kata ini oleh Ahmad Yazid terasa bagaikan anak panah dibidikkan ke jantungnya. Ahmad menangis dengan sedihnya hingga ia tak sadarkan diri. Setelah sadar ia masih menangis dan bangkit pulang ke rumahnya. Malam itu tak sesuatupun yang dimakannya dan tak ada sepatah katapun yang diucapkannya.

Keesokan harinya dengan berjalan kaki iapun pergi ke tempat Sari berkhutbah. Ia gelisah dan pipinya pucat. Ketika khutbah selesai iapun pulang. Di hari ketiga ia pun datang berjalan kaki. Setelah ceramah selesai ia menghampiri Sari.

Ia berkata: "Guru .... Kata-katamu telah mencekam hatiku dan membuat hatiku benci kepada dunia ini. Aku ingin meninggalkan dunia ini dan mengundurkan diri dari pergaulan ramai. Tunjukkanlah kepadaku jalan yang ditempuh para khalifah."

"Jalan manakah yang engkau inginkan?" tanya Sari. "Jalan para sufi atau jalan hokum? Jalan yang ditempuh orang banyak atau jalan yang ditempuh orang-orang pilihan?"

"Tunjukkan kedua jalan itu kepadaku," pinta Yazid.

Maka Sari berkata: "Inilah jalan yang ditempuh orang banyak. Lakukanlah shalat lima kali dalam sehari di belakang seorang imam dan keluarkanlah zakat jika dalam bentuk uang keluarkanlah setengah dinar dari setiap dua puluh dinar yang engkau miliki.

Sedangkan jalan yang ditempuh oleh manusia-manusia pilihan ialah: berpalinglah dari dunia ini dan janganlah engkau terperosok ke dalam perangpak-perangkapnya. Jika kepadamu hendak diberikan sesuatu, janganlah kau terima. Demikianlah kedua jalan tersebut."

Yazid meninggalkan tempat itu dan mengembara ke padang belantara. Beberapa hari kemudian seseorang perempuan tua yang berambut kusut dengan bekas-bekas luka di pipinya datang menghadap Sari.

Wahai Imam kaum muslimin. Aku mempunyai seorang putera yang masih remaja dan berwajah tampan. Pada suatu hari ia datang untuk mendengarkan khutbahmu dengan tertawa-tawa dan langkah-langkah yang gagah tetapi kemudian pulang dengan menangis dan meratap-ratap. Sudah beberapa hari ini ia tidak pulang dan aku tidak tahu kemana perginya. Hatiku sedih karena berpisah dari dia. Tolong lakukanlah sesuatu untukku.

Permohonan wanita tua itu menggugah hati Sari. Maka berkatalah ia: "Janganlah berduka. Ia dalam keadaan baik. Apabila ia kembali, niscaya engkau kukabarkan. Ia telah meninggalkan dan berpaling dari dunia ini. Ia telah bertaubat dengan sepenuh hatinya."

Kejadian itu telah lama berlalu. Pada suatu malam Ahmad kembali kepada Sari. Sari memerintahkan kepada pelayannya,

"Kabarkanlah kepada ibunya." Kemudian ia memandang Ahmad Yazid. Wajahnya pucat, tubuhnya lemah, dan badannya yang jangkung kokoh bagaikan pohon cemara itu sekarang telah bungkuk.

"Wahai guru yang budiman," Ahmad Yazid berkata kepada Sari. "Karena engkau telah membimbingku ke dalam kedamaian dan telah mengeluarkan aku dari kegelapan, aku berdo'a semoga Allah memberikan kedamaian dan keanugerahan kebahagiaan kepada di dunia dan di akhirat."

Mereka sedang asyik berbincang-bincang ketika ibu dan istri Ahmad Yazid masuk. Mereka juga membawa puteranya yang masih kecil. Ketika si ibu melihat Ahmad yang sudah berubah sekali keadaannya ia pun menubruk dada Ahmad Yazid. Di kiri kanannya istrinya yang meratap-ratap dan anaknya yang menangis tersedu-sedu. Semua yang menyaksikan kejadian ini ikut terharu dan Sari sendiri pun tidak dapat menahan air matanya. Si anak merebahkan diri keharibaan ayahnya. Tetapi betapa pun juga mereka membujuk, Ahmad Yazid tidak mau pulang ke rumah.

"Wahai Imam kaum muslimin," Ahmad Yazid berseru kepada Sari. "Mengapakah engkau mengabarkan kedatanganku ini kepada mereka? Mereka inilah yang akan meruntuhkan diriku?"

Sari menjawab, "Ibumu terus menerus bermohon sehingga akhirnya aku berjanji untuk mengabarkan kepadanya apabila engkau datang.

Ketika Ahmad Yazid bersiap-siap kembali ke padang pasir, istrinya meratap. "Belum lagi mati, engkau telah membuatku jadi janda dan puteramu manjadi yatim. Jika ia ingin bertemu dengan engkau apakah yang akan kulakukan? Tidak ada jalan lain, bawalah anak ini olehmu."

"Baiklah," jawab Ahmad.

Pakaian indah yang sedang dikenakan anaknya dilepaskannya dan diganti dengan pakaian bulu domba. Kemudian ditaruhnya sebuah kantong uang ke tangan anak itu dan berkatalah ia kepada anaknya itu: "Sekarang pergilah engkau seorang diri."

Melihat hal ini si isteri menjerit, "Aku tidak sampai hati membiarkannya." Dan anak itu ditariknya ke dalam dekapannya.

"Aku memberi kuasa kepadamu." Ahmad Yazid berkata kepada istrinya, "Jika engkau menginginkan untuk menuntut perceraian."

Maka kembalilah Ahmad ke padang belantara. Bertahun-tahun telah berlalu. Pada suatu malam, pada waktu shalat Isya' seseorang mendatangi Sari di tempat kediamannya. Orang itu berkata kepada Sari.

"Ahmad mengutusku untuk menjumpai engkau. Ia berpesan "Hidupku hampir berakhir. Tolonglah aku."

Sari pergi ke tempat Ahmad. Ia dapati Ahmad yang sedang terbaring di atas tanah di dalam sebuah pemakaman. Ia sedang menantikan saat-saat terakhirnya. Lidahnya masih bergerak-gerak. Sari mendengar bahwa Ahmad sedang membacakan ayat yang berbunyi "Untuk yang seperti ini bekerjalah wahai para pekerja," Sari mengangkat kepalanya dari atas tanah, mengusapkan dan mendekapkan ke dadanya. Ahmad membuka matanya. Terlihatlah olehnya si Guru Budiman, dan ia berkata:

"Guru engkau datang tepat pada wktunya. Hidupku akan berakhir sesaat lagi."

Sesaat kemudian ia menghembuskan nafasnya yang terakhir. Sambil menangis Sari kembali ke kota untuk menyelesaikan urusan-urusan Ahmad. Di dalam perjalanan ini ia menyaksikan orang ramai berbondong-bondong berjalan kearah luar kota.

Sari bertanya: "Hendak ke manakah kalian?"

"Tidak tahukah engkau?" jawab mereka. "Kemarin malam terdengar sebuah seruan dari atas langit: "Barangsiapa ingin menyalatkan jenazah sahabat kesayangan Allah, pergilan ke pemakaman di Syuniziyah."

Ternyata Ahmad Yazid telah beroleh karunia sebagai sahabat kesayangan Allah.

Bab 13

ABU YAZID AL-BUSTHAMI

KEBAKTIAN SEORANG ANAK

Kakek Abu Yazid al-Busthami adalah seorang penganut agama Zoroaster. Ayahnya adalah salah seorang pemuka Bustham. Kehidupan Abu Yazid yang luar biasa bermula sejak ia berada di dalam kandungan ibunya.

"Setiap kali aku menyuap makanan yang kuragukan kekhalalannya," ibunya sering berkata kepada Abu Yazid, "Engkau yang masih berada di dalam rahimku memberontak dan tidak mau berhenti sebelum makanan itu kumuntahkan kembali."

Pertanyaan si Ibu dibenarkan oleh Abu Yazid sendiri.

Kepada Abu Yazid pernah ditanyakan. "Apakah yang terbaik bagi seorang manusia di atas jalan ini?"

"Kebahagiaan yang merupakan bakat sejak lahir." Jawabnya.

"Jika kebahagiaan seperti itu tidak ada?"

"Sebuah tubuh yang sehat dan kuat."

"Jika tidak memiliki tubuh yang sehat dan kuat?"

"Pendengaran yang tajam."

"Jika tidak memiliki pendengaran yang tajam?"

"Hati yang mengetahui."

"Jika tidak memiliki hati yang mengatahui?"

“Mata yang melihat.”

“Jika tidak memiliki mata yang melihat?”

“Kematian yang segera.”

Setelah sampai waktunya, si ibu mengirimkan abu Yazid ke sekolah. Abu

u

Yazid mempelajari Al-Qur'an. Pada suatu hari gurunya menerangkan arti suatu ayat dari sebuah surah Lukman yang berbunyi: "Berterima kasihlah kepada-Ku dan kepada kedua orang tuamu." Ayat ini sangat menggetarkan hati Abu Yazid. Lantas dia meletakkan batu tulisnya dan berkata kepada gurunya: Izinkanlah aku pulang! Ada yang hendak kukatakan pada ibuku."

Si guru memberi izin. Abu Yazid lalu pulang ke rumahnya. Ibunya menyambutnya dengan kata-kata.

"Thaifur,[11] mengapa engkau sudah pulang? Apakah engkau mendapat hadiah atau adakah suatu kajadian yang istimewa?"

"Tidak," jawab Abu Yazid. "Pelajaranku sampai pada ayat dimana Allah memerintahkan agar aku berbakti kepada-Nya dan kepadamu. Tetapi aku tidak dapat mengurus dua buah rumah dalam waktu yang bersamaan: Ayat ini sangat menyusahkan hatiku. Mintalah diriku ini kepada Allah sehingga aku menjadi milikmu seorang atau serahkanlah aku kepada Allah semata sehingga aku dapat hidup untuk Dia semata-mata."

"Anakku," jawab ibunya. "Aku serahkan engkau kepada Allah dan kubebaskan engkau dari semua kawajibanmu terhadapku, Pergilah engkau dan jadilah seorang hamba Allah."

Di kemudian hari Abu Yazid berkata:

"Kewajiban yang semula kukira sebagai kewajiban yang sepele, ternyata merupakan kewajiban yang paling utama. Yaitu kewajiban untuk berbakti kepada ibuku. Di dalam berbakti kepada ibuku itulah kuperoleh segala sesuatu yang kucari. Yakni segala sesuatu yang hanya bisa dipahami lewat tindakan, disiplin diri dan pengabdian kepada Allah. Kejadiannya adalah sebagai berikut.

Pada suatu malam, ibu meminta air kepadaku. Maka akupun pergi mengambilnya. Ternyata di dalam tempayan kami tak ada air. Begitu juga dalam kendi. Lalu aku pergi ke sungai lalu mengisi kendi tersebut dengan air. Ketika aku pulang,

---

[11] Panggilan si Ibu untuk Abu Yazid

ternyata ibuku sudah tertidur."

"Malam itu udara terasa dingin, kendi itu tetap dalam rangkulanku. Ketika itu terjaga, ia meminum air yang kubawa itu kemudian memberkati diriku. Kemudian terlihatlah olehku betapa kendi itu telah membuat tanganku kaku."

"Mengapa engkau tetap memegang kendi itu?" tanya ibu.

"Aku takut ibu terjaga sedang aku sendiri terlena." Jawabku.

Kemudian ibu berkata kepadaku: "Biarkan pintu itu setengah terbuka."

"Sepanjang malam aku berjaga-jaga agar pintu itu tetap dalam keadaan setengah terbuka dan agar aku tidak melalaikan perintah ibuku. Hingga akhirnya fajar terlihat lewat pintu. Begitulah yang sering kulakukan berkali-kali."

Setelah si ibu memasrahkan anaknya kepada Allah, Abu Yazid meninggalkan Bustham. Merantau dari satu negeri ke negeri yang lain selama tiga puluh tahun. Dan melakukan disiplin diri dengan terus menerus berpuasa di siang hari dan bertirakat sepanjang malam.

Ia belajar di bawah bimbingan seratus tiga belas guru spiritual. Dan telah memperoleh manfaat dari setiap pelajaran yang mereka berikan. Diantara guru-gurunya itu ada seorang yang bernama Shadiq. Ketika Abu Yazid sedang duduk di hadapannya, tiba-tiba Shadiq berkata kepadanya.

"Abu Yazid, ambilkan buku yang di jendela itu!"

"Jendela? Jendela mana?" tanya Abu Yazid.

"Telah sekian lama engkau belajar di sini dan tidak pernah melihat jendela itu?"

"Tidak." Jawab Abu Yazid. "Apakah peduliku dengan jendela. Ketika menghadapmu, mataku tertutup terhadap hal-hal lain. Aku tidak datang ke sini untuk melihat segala sesuatu yang ada di sini."

"Jika demikian, kembalilah ke Busthaman! Pelajaranmu telah selesai." Kata guru itu.

Abu Yazid mendengar bahwa di suatu tempat tertentu ada seorang guru besar. Dari jauh Abu Yazid datang untuk menemuinya. Ketika sudah dekat, Abu Yazid menyaksikan betapa guru yang termasyhur itu meludah ke arah kota Mekkah. Karena itu ia segera memutar langkahnya.

"Jika ia memang telah memperoleh semua kemajuan itu dari jalan Allah, niscaya ia tidak akan melanggar hokum seperti yang telah dilakukannya." Ia berkata mengenai guru tadi.

Diriwayatkan bahwa rumah Abu Yazid hanya berjarak empat puluh langkah dari sebuah masjid. Ia tidak pernah meludah ke arah jalan dan menghormati masjid tersebut.

Perjalanan Abu Yazid menuju Ka'bah memakan waktu dua belas tahun penuh. Hal ini karena setiap kali ia bersua dengan pengkhotbah yang memberikan pengajaran di dalam perjalanan itu, Abu Yazid segera membentangkan sejadahnya dan melakukan shalat sunnat dua rakaat. Mengenai hal ini, Abu Yazid mengatakan: "Ka'bah bukanlah serambi seperti serambi istana raja. Tetapi suatu tempat yang dapat dikunjungi orang setiap saat."

Akhirnya sampailah ia ke Ka'bah tetapi ia tak pergi ke Madinah pada tahun itu juga.

"Tidaklah pantas kunjungan ke Madinah hanya sebagai

pelengkap saja, "Abu Yazid menjelaskan." Saya akan mengenakan pakaian haji yang berbeda untuk mengunjungi Madinah."

Tahun bertikutnya sekali lagi ia menunaikan ibadah haji, ia mengenakan pakaian yang berbeda untuk setiap tahap perjalanannya sejak mulai menempuh padang pasir. Di sebuah kota dalam perjalanan tersebut, suatu rombongan besar telah menjadi muridnya. Dan ketika ia meninggalkan tanah suci, banyak orang yang mengikutinya.

"Siapkah orang-orang ini?" ia bertanya sembil melihat ke belakang.

"Mereka ingin berjalan bersamamu." Terdengar sebuah jawaban.

"Ya Allah," Abu Yazid berdo'a. "Janganlah engkau tutup penglihatan hamba-hamba-Mu karenaku."

Untuk menghilangkan kecintaan mereka terhadap dirinya, dan agar dirinya tidak menjadi penghalang bagi mereka, maka setelah selesai melakukan shalat Shubuh, Abu Yazid berseru kepada mereka: "Sesungguhnya Aku adalah Tuhan, tiada Tuhan selain Aku dan karena itu sembahlah Aku."

Sontak saja mereka terkejut dan segera berseru: Abu Yazid sudah gila!"

Tapi keinginan Yazid tercapai agar tidak diikuti oleh orang-orang itu. Mereka langsung meninggalkan Yazid begitu saja.

Abu Yazid meneruskan perjalannya. Di tengah perjalanan ia menemukan sebuah tengkorak manusia yang bertuliskan: Tuli, bisu, buta ..... mereka tidak memahami.

Sambil menangis Abu Yazid memungut tengkorak itu dan menciuminya. "Tampaknya ia adalah kepala seorang sufi, "gumam Abu Yazid. "Ia telah manjadi lebur di dalam Allah ....ia tidak lagi mempunyai telinga untuk mendengarkan suara abadi, tidak lagi mempunyai mata untuk memandang keindahan abadi, tidak lagi mempunyai lidah untuk memuji kebesaran Allah, dan tak lagi mempunyai akal walaupun untuk merenungi secuil pengetahuan Allah yang sejati. Tulisan ini adalah mengenai dirinya."

Pada suatu ketika Abu Yazid melakukan perjalanan. Ia membawa seekor unta sebagai tunggangan dan pemikul perbekalannya.

Ketika berpapasan dengan seorang anak muda ia ditegur: "Binatang yang malang, betapa berat beban yang engkau tanggung. Sungguh kejam!"

Anak muda itu terus berseru berulangkali, maka Abu Yazid berhenti dan berkata.

"Wahai anak muda, kau boleh lihat sendiri, sebenarnya bukan unta ini yang memikul beban."

Si pemuda kemudian memperhatikan dengan seksama, apakah beban itu benar-benar berada di atas punggung unta. Ia baru percaya kata-kata Yazid setelah melihat betapa beban itu mengambang satu jengkal di atas punggung unta. Binatang itu sama sekali tidak memikul beban tersebut.

"Maha Besar Allah!" puji pemuda itu. "Ini benar-benar menakjubkan."

"Jika kusembunyikan kenyataan-kenyataan mengenai diriku yang sebenarnya, engkau akan melontarkan celaan kepadaku." Kata Abu Yazid kepadanya. "Tetapi jika kukelaskan kenyataan-kenyataan itu kepadamu, engkau tidak dapat memahaminya. Bagaimana seharusnya sikapku kepadamu."

YANG TERBUANG

Setelah Abu Yazid mengunjungi kota Madinah, datang sebuah perintah yang menyuruhnya pulang untuk merawat ibunya. Dengan ditemani serombongan orang ia pun berangkat menuju Bustham.

Berita kedatangan Abu Yazid segera tersebar ke seluruh kota Bustham dan penduduk kota datang untuk menyongsongnya. Jika ini terjadi pasti AbuYazid akan sibuk melayani mereka dan membuat ia akan terhalang untuk menyegerakan perintah Allah (yaitu segera merawat ibunya). Karena itu ia mempergunakan sebuah cara controversial agar orang-orang tidak menganggapnya sebagai orang hebat.

Ketika penduduk kota hampir sampai, dari lengan bajunya Abu Yazid mengeluarkan sepotong roti. Saat itu adalah bulan Ramadhan, namun dengan tenang Abu Yazid memakan roti itu sehingga penduduk Bustham menyangka yang bukan-bukan mengenai dirinya. Mereka lalu berpaling dan tidak lagi memperhatikan Yazid.

Abu Yazid berkata depada sahabat-sahabat seperjalanannya: "Tidakkah kalian saksikan, betapa aku mematuhi sebuah perintah dari hokum suci[12] tetapi semua orang berpaling dariku."

Dengan sabar Abu Yazid menunggu sampai malam tiba. Diwaktu tengah malam barulah ia memasuki kota Bustham. Ketika sampai di depan rumah ibunya, untuk beberapa lama ia

[12] Maksudnya perintah berbakti kepada orang tua.

berhenti dan mendengarkan ibunya bersuci lalu shalat.

"Ya Allah, perliharalah dia yang terbuang." Terdengar do'a ibunya. "Cenderungkanlah hati para Syeikh kepadanya, dan berikanlah petunjuk kepadanya untuk melakukan hal-hal yang baik."

Mendengar do'a ibunya itu Abu Yazid menangis lalu mengetuk pintu.

"Siapakah itu?" tanya ibunya dari dalam.

"Anakmu yang terbuang." Sahut Abu Yazid.

Dengan menangis si ibu membukakan pintu. Ternyata penglihatan ibunya sudah kabur.

"Thaifur," si ibu berkata kepada anaknya. "Tahukah engkau mengapa mataku menjadi kabur seperti ini? Karena aku sedemikian banyaknya meneteskan air mata sejak berpisah denganmu. Dan punggungku telah bongkok karena beban duka yang kutanggungkan itu."

Printed in Dunstable, United Kingdom

91230879R00090